淡 定
南怀瑾讲人生智慧

徐 枫 编著

·北京·

图书在版编目（CIP）数据

淡定：南怀瑾讲人生智慧 / 徐枫编著 . — 北京：群言出版社，2015.5（2024.1重印）

ISBN 978-7-80256-731-3

Ⅰ.①淡… Ⅱ.①徐… Ⅲ.①人生哲学 – 通俗读物 Ⅳ.① B821-49

中国版本图书馆 CIP 数据核字 (2015) 第 077802 号

责任编辑：	李　群　张启超
封面设计：	同人阁文化·书装设计
出版发行：	群言出版社
地　　址：	北京市东城区东厂胡同北巷 1 号（100006）
网　　址：	www.qypublish.com（官网书城）
电子信箱：	qunyancbs@126.com
联系电话：	010-65267783　65263836
法律顾问：	北京法政安邦律师事务所
经　　销：	全国新华书店
印　　刷：	河北鸿运腾达印刷有限公司
版　　次：	2015 年 6 月第 1 版
印　　次：	2024 年 1 月第 2 次印刷
开　　本：	710mm×1000mm　1/16
印　　张：	15
字　　数：	200 千字
书　　号：	ISBN 978-7-80256-731-3
定　　价：	59.80 元

【版权所有，侵权必究】

如有印装质量问题，请与本社发行部联系调换，电话：010-65263836

前　言

南怀瑾，著名国学大师、佛学大师，中国传统文化的积极宣传和实践者。其《论语别裁》《老子他说》《孟子旁通》等，至今仍是拥有大量读者的畅销书。先生德高望重，身体力行，德施广远，在海内外华人世界深得爱戴。

南先生本人，一生行迹非凡，经历丰富奇特，他的人生本身，就是一部耐读的传奇大书。先生出生于书香世家，家族中代有高僧出现。南先生自小泽被家风，立志不凡，宏道传世。他幼承庭训，少年时就熟读诸子百家；生性好动，喜爱武艺。稍长后便辞亲远游，遍访名山大川，求仙剑拳术，追寻世外高人，亲近高明，学习武艺。

后来，南先生弃武从文，专攻传统文化儒、释、道等各家典藏，以期从中找到救国救民之途径。他曾在四川峨眉山闭关三年，遍阅《大藏经》万万卷，印证个人修持所得，受益终生。他还曾远走康藏，参访密宗各派，得到多位活佛、高僧的真传，学得精湛佛法，被奉为密宗上师。

抗战时，南先生投笔从戎，执教于中央军校，又研究社会福利学，立志服务大众，造福于民。南先生后讲学于云南大学、四川大学等校。赴台湾后，任文化大学、辅仁大学、政治大学等大学教授，成为影响台湾思想文化界的著名学者。后旅居美国，晚年寓居香港。

南先生一生致力于传统文化的宏扬，他的著作深入浅出地解译传统经典，深得人们喜爱，影响深远，被誉为一代国学大师。他奔走各地演讲授课，办学堂，热心文化事业，在海内外创办东西方文化精华协会总会、老古文化事业股份有限公司等多家公益性文化组织或单位。同时，先生关心家乡建设，多次捐资并出资援建金温铁路，为家乡建设做出巨大贡献。另外，南怀瑾先生关心国家统一，积极为两岸沟通搭建起纽带和桥梁，为促进两岸和平对话和统一事业做出积极贡献。

晚年，南先生有感于传统文化有断代的危险，"今日中国文化之亟亟待兴"，于是不辞辛苦，奔走各地，呼吁重视和传承传统文化。面对浮躁的时代，在传统文化与精神钙质受到揶揄的今天，南先生不改其志，拒绝各种诱惑，在闹市中也曾闭关三年，内心更加淡定，其所作所为受到人们普遍赞扬，引得无数追随者。可谓修养深厚，功德不凡。

不凡的经历，造就不凡智慧。南先生如此传奇的经历，如此高深的学养，如此高贵的品格，自然锻造出非凡的人生体验和大智慧。他的"做人要有立脚点""安身后定""知礼崇卑""乐天知命""人生没有结论"等人生箴言，深深地影响着我们。

本书着眼于南先生的人生智慧，从他宏富的著作中梳理出其关于人生的语录，从做人的根本、读书与学问、安身后动、事业立世、珍爱亲情友情、为人处世、修心养性、人生沉淀等几大方面入手，下分若干小节，分别阐述南先生的人生智慧。每小节以南先生的语录引出，然后对其观点进行全新的诠释和解读。

本书最大的特点是作者不就南怀瑾而谈南怀瑾，不囿于南先生及其海量的资料，而是取其一点，然后完全放开来，自然引发，结合古今，把南先生的人生智慧与传统智慧和当下思考有机结合起来，从而使读者在对历史的回眸中观照现实，更深刻地领会南先生的真知灼见和深刻智慧。

本书有观点，有事例，有思索，有扣问，以全新的角度，全新的表现方式，展现出南先生独特的人生智慧，相信它一定给读者一个全新的阅读感受。

当然，南先生近一个世纪的人生智慧，岂是本书所能概括的？本书不过择其精要，意在抛砖引玉。如果读者通过此书，从此能自觉思考人生、人与人、人与社会，自觉修养自己，提升思想境界，提高生活品质，活出更自在的人生。那么，这将是我们最大的满足。

因能力有限，定有不当之处，请方家指点。

目 录

第一章 人生有本，立身有根

- 做人不能没有立脚点 …………………………………… 2
- 你有没有自己的风格 …………………………………… 5
- 乐天知命故不忧 ………………………………………… 9
- 日日新，人生永远是明天 ……………………………… 13
- 人生就是悔，善于补过才无咎 ………………………… 17

第二章 君子安身而后动

- 把"人"做好 …………………………………………… 22
- 赤子本色最真诚 ………………………………………… 26
- 君子胸襟坦荡荡 ………………………………………… 30
- 谦卑为人，心有敬畏 …………………………………… 32
- 推己及人有恕道 ………………………………………… 35
- 人生必须耐得住寂寞 …………………………………… 39
- 真智慧看大节 …………………………………………… 43

第三章 笑看花开花落，静中养身修慧

- 谁人知向静中修……………………………………… 46
- 劳而不怨，难………………………………………… 48
- 动心忍性，修养真功夫……………………………… 51
- 放下，舍得…………………………………………… 54
- 诸葛亮的《诫子书》………………………………… 57
- 心中无事才安定……………………………………… 61

第四章 读书未必真学问

- 读书未必真学问……………………………………… 66
- 学问的目的是做人…………………………………… 70
- 学问深时意气平……………………………………… 73
- 一以贯之，一通百通………………………………… 77

第五章 事业立世，奉献为大

- 职业未必是事业……………………………………… 82
- 英雄本色，名士风流………………………………… 86
- 知崇礼卑，由小入大………………………………… 90
- 只求耕耘，不问收获………………………………… 93
- 不遇不牢骚，失意能隐忍…………………………… 96
- 从己所好，走自己的路……………………………… 98
- 凡事预则立，谋略先行……………………………… 101
- 得人心者得天下……………………………………… 104
- 藏器于身，待时而动………………………………… 107

□不在其位，不谋其政 …………………………………… 109
□中庸之道最高明 ………………………………………… 111
□成功得时，也要得位 …………………………………… 114
□持盈保泰是明哲 ………………………………………… 117

第六章 事亲以孝天伦乐，家中有爱才幸福

□孝悌为最大人伦 ………………………………………… 122
□少抱怨，可怜天下父母心 ……………………………… 125
□知父母之年，常回家看看 ……………………………… 128
□行孝要趁早，莫留终身憾 ……………………………… 131
□真爱往往难圆满 ………………………………………… 133
□愿天下有情人终成眷属 ………………………………… 139
□随缘，真爱不必长厮守 ………………………………… 142
□婚姻之道贵长久 ………………………………………… 146

第七章 人生得一知己足矣

□交人交君子，始终有益 ………………………………… 152
□与朋友善始善终 ………………………………………… 155
□亲如蜜与淡如水 ………………………………………… 158
□一诺千金，朋友交于义 ………………………………… 162
□人生得一知己足矣 ……………………………………… 165

第八章 解人情世故，识颜色嫌疑

□人情世故真经验 ………………………………………… 168

□ 多包容，不苛求 …………………………………………… 171
□ 不迁怒，不贰过 …………………………………………… 174
□ 人生最难是忘情 …………………………………………… 176
□ 可与立，未可与权 ………………………………………… 179
□ 劝人以利 …………………………………………………… 181
□ 有时不如糊涂些 …………………………………………… 185
□ 多言必败，大音希声 ……………………………………… 188
□ 变通则生，曲则全 ………………………………………… 191
□ 吃亏是福，大舍大得 ……………………………………… 195
□ 安分守己，抱残守缺 ……………………………………… 199

第九章　人生成败，不患得失

□ 贵贱存乎于位 ……………………………………………… 204
□ "素王"是真正的王 ……………………………………… 208
□ 成名与否，实在没什么道理 ……………………………… 212
□ 天下没有一个"必然"的 ………………………………… 217
□ 一生都在祸福中 …………………………………………… 220
□ 不患得失，顺其自然 ……………………………………… 223
□ 人生没有结论 ……………………………………………… 225

参考文献 ………………………………………………………… 228

第一章
人生有本，立身有根

南怀瑾先生说："人的一生要有所立，自己能站得起来。现在人无所安身的道理，是心无所安，也就是无所立。"

你的人生方向在哪里？你想要什么，要往何处去？什么样的活法才适合你……这是根本问题，必须思考！否则，人生无本无根，心无所安，身无所立，方向终会迷失。

□做人不能没有立脚点

> 南怀瑾说:"一个人应该知道自己要做个什么样的人。很多人没有人生观,一辈子没站起来过。沉浮于世间,水高了就浮上来,水低了就沉下去。一般人是这样,在人海中沉浮,没有立脚点。"

人这一生,究竟应该怎么过?人生的意义和价值何在?每个人看法不一。人生观,说起来人人有,但并非都认真地思考过,所以说,真正有自己明确人生观的人,实际上并不多。

没有人生观,或者人生观不明确、不能贯穿始终的人,就是一个没有立脚点的人。一个没有立脚点的人,就没有根本。没有根本,当然站不稳,立不起来;立不起来,何以安身立命?做人做事没有根基和方向,当然无法成事。

"一个人应该知道自己要做个什么样的人。"南先生说得多么好!一个对自己的人生有所期待,真诚而活的人,一定会认真思考这个问题:我要做个什么样的人。

小时候,大人们常问我们的一个问题是:"你长大了做什么啊?"回答各种各样:"老师""科学家""文学家"……但是,做个什么样的人,不只是说具体做什么职业,而主要是指做一个什么风格的人,以一种什么样的面貌展示自己。在实现自我的同时,如何观照社会。

我国古代,人们十分重视"安身立命",注重人格道德修养,培养道、德、仁、义、礼、信等品格，而这个，就是强调做人要有方向，要有所本。以此奠基，以此正心，然后才能修身、齐家、治国。说白了，就是做人要有所追求，有自己的方向，先做好人，然后才能有所作为。

今天的经济社会，生活节奏快，物欲横流，人心浮躁，被各种欲望充斥着。人们的脚步总是那么匆匆像终日忙碌的风车，没有时间停下来思考一下。很少有人明白自己为了什么忙碌，要往何方去……社会多元，诱惑太多，眼迷心乱，不知自己作何选择，也不知如何选择，总是处在不断选择的迷茫中；欲望太多，竞争激烈，压力太大，总是感觉心疲神衰，郁闷浮躁，心无所安，不知幸福和快乐何在……

为什么生活好了，选择多了，反觉得幸福和快乐的指数降低了呢？究其原因，还是因为人生观不明确，内心没有一份宁信其有的执著和力量，个人根基不坚固，不能做到"以不变应万变"。当然，面对变革时代的大潮，只能随波逐流了。这种生命如一叶浮萍，如一丝柳絮，没有根基，空落落的，永远是飘的。失去了自我，没有守护好自己的精神家园，这样活着当然没有力量。

一个没有力量的生命，不能应对周遭的世界，总是那么被动，感觉不到自我的存在，没有自我，当然就没有幸福和快乐的感觉。

古往今来，所有成就非凡事业的人，往往是在青少年时代，就开始苦苦思考人生的意义和价值问题，认识人生，认识自己，审时度势，查古阅今，较早地明确起自己的人生观和事业理想。他们的人生观一旦确立，就十分确信而坚定。一切行动，都为了实现这个人生观，终其一生的力量在上下求索，百折不挠。无论成败得失，无论顺逆，无论幸与不幸，都能做到坚守自己，安顿好自己的心灵，永不降低自我生活的格调。而且只有不断拓展自己，增强实现理想的力量，最终才能走出一条自己的成功之路。

每个人都是天底下唯一的自己，作为人，应该首先有一个自己的人生观，不受他人左右；而且它适合自己，只有自己去实践、去完成。这个人生观，最好是在青年时就能确立。然后，随着成长成熟，随着不断磨砺自我意志品质，不断实践、成熟并坚定自己的人生观，最终，在实现自己的同时，也完成了自己此生的使命。

我国古人追求"达则兼济天下，穷则独善其身"，这个未免太理想。纵使我们做不到，**但至少要做到不迷失自我，做好一个有力量的自己，对己对人负责任，有尊严、有格调地活着。**

□你有没有自己的风格

> 南怀瑾先生说:"人有个规格,你做个什么样的人,你就要依那个规格去做。如果没有一个风范,没有风格,这个人就完啦。"

风格是什么?说到底就是人格。那人格是什么?就是做人做事有一套自己的原则,有自己的操守,不随波逐流。一个做人做事有自己风格的人,必然有自己明确的人生观,有自己的坚守,不会失去自我,当然不会迷失人生的方向;这样的人,内心有足够的力量完成自己的人生。

我们每个人都是天底下唯一的自己,认清了这一点,要尊重自己的天性,努力扬其善,完善不足,不断丰富自己的人生,以臻完善。

你看那些伟大人物,哪个不是有自己的独有风范的人?不仅性格、气质,而且做人做事的方式、特点和原则,都有自己的一套。这不是向别人学习借鉴来的,也不受别人左右,而往往是他们长期自觉努力的结果。他们的风格与他们做人、做事连在一起,总是给人留下深刻印象。因为有独特的风格,而且这风格始终如一,一以贯之,前后一致,内外统一,所以他们有独特的魅力,这种魅力更有助于他的成功,让他的光辉无可替代,光彩耀目。

风格不是天生的,也非一朝而就,它是伴随自己的成长和提高而形成的。那么,如何形成自己的风格?

首先，应该是认识自己，有自知之明。

认识自己，就是既要认识自己的优点，又要认识自己的缺点；既要认识到人性，也要认识到自己的个性。认识自己，就是明白自己的人生方向，知道自己需要什么，如何去得到；明白自己的不足，如何挑战自己，战胜自己，突破自己，日益丰富，完善自己。

而认识自己并不容易，人生的过程，就是一个认识自己、战胜自己、寻找自己的过程。而认识和战胜自己，都不是一件容易的事情。但是，如果一个人能自觉修养、提高自己，不断内省，就能做到对自我的认识；一个人如果能够积极进取，迎难而上，就能突破自己，获得一个个飞跃式成长。在安顿好自己心灵的同时，培养起自己的核心竞争力，然后，顺时顺势而为，伺机而动，获得成功。

其次，要有高尚的人格和矢志不渝的操守。

何谓人格，说白了就是做人要有尊严，有骨气，有气节，追求崇高和真善美，没有低级趣味，活出相对纯粹的人生。我国古代就有"饿死不吃嗟来之食"的事例，说明了一个人的气节和尊严的可贵。孟子说："富贵不能淫，贫贱不能移，威武不能屈。此之谓大丈夫。"也是说作为人，要有自己的独立人格和操守，尊严不倒，精神独立不屈，这样才能做好一个人，才算是人中之伟丈夫。

我们常说，人格是最不能侵犯的了。如果是伤了一个人的人格，那是最大的罪过。人格涉及尊严，只要是一个有皮有脸的人，都会要面子，要人格的。一个重人格的人，往往自尊，也要面子，重名节。在关键时刻，人格的力量往往透过气节得以表现。古代有伯夷、叔齐饿死首阳山，也不吃嗟来之食。气节有关乎自己的，也有关乎民族的，自己的是人格，民族的是大义。伯夷、叔齐饿死不吃嗟来之食，文天祥为民族大义而宾至如归，朱自清不吃美国提供的救济粮，等等，都体现出一种独立不倚的精神和大义凛然的正气。

高尚的人格当然需要自觉地培养，这就要有向善的心灵。择善而从，见贤思齐，修养道德仁义，完善自己。一个人格高尚、有操守的人，因自重而能得到他人的尊重，因为做人做事光明正大才能有大的作为。

第三，有独立的个性，有适合自己的生活方式，做人做事有自己的思路和方法，坚守自我，不随波逐流。

作为独立的存在，人应该尊重自我天性，善于利导自己天生的性格和禀赋，完成自己，活出自己的人生。这不是标新立异，不是骄傲自满，不是固步自封，而是清楚认识自我后的必须选择。否则，你没办法让自己独立，在竞争激烈的社会中脱颖而出。

坚持自己，不是不能与人和谐同步，而是强调融入共性的个性，只有这样，才能体现出自己的独一性，才能让自己脱颖而出。不能因为社会是竞争的，就扼杀自己的个性；不能因为自保，就人云亦云，亦步亦趋，随波逐流，失去自我，不敢表现自我。

一定要找到适合自己的生活方式和做人做事的方式，这样才能提高生活和工作的品质，从而既能体现出自己，实现自己，也能团结别人，共进互益。

第四，积极进取，靠自己走出一条属于自己的成功之路，完成自己的人生。

每个人来到这个世界，都有他的使命。虽然器有大小，品有高低，但上天造人，各有禀赋，各有用处，所以，每个人，无论你多么平凡平庸，多么贫穷落后，都要有一份"天生我才必有用"的豪气，而不可自认卑贱，自暴自弃，不思进取，苟且而活。

就此意义而言，每个人都有自己的成功，他的成功之路也是自己走出来的，没有人可以依靠，没有捷径，也没有侥幸，只有自己走，才能走出一条属于自己的成功之路。别人的成功，可以借鉴参考，但绝不是可以复制的模板，自己的成功只有自己来创造！

南怀瑾说："《易经》告诉我们：人生命运都掌握在自己手里，任何一种外力，都是靠不住的。"

现代社会信息爆炸，知识多元，科技日新月异，网络、电视、报刊、手机等各种新旧媒体充斥在我们生活中，丰富着我们的知识。但这些所谓的知识，有多少是创造性的呢？由于急功近利，现代人几乎忘记了自己，忘记了生活，忘记了思考，为了抢时间，抢市场，于是都竞相聪明地"拿来"，模仿复制一时泛滥成风气……这实在是一种悲哀。

真正聪明的人，是有远见卓识的，永远不会忘记自己，忘记自己的生活。他可以学习别人，但绝不去模仿复制，因为这没前途，做出的也是垃圾。就算赚些钱，也不能真正快乐。他只会关注自己，结合时代，创造出自己的成功。

第五，有风格，还要风格一致，前后贯始终。

古人讲"抱朴守一"，既是守信人性中的淳朴和本真，守住自己的精神家园，又是坚守自己的为人处事风格，前后一致，自成系统，内外统一不二，这样，你的人生才有一条红线贯穿始终，才能真正完成一个人，完成自己独特风格的人生。

孔子讲学问要"一以贯之"，即把各种知识、学问、修养、人生都打通，做到融会贯通，一通百通，这是很高的功夫，也是学问的最理想境界。学问如此，而人生又何尝不该如此呢？

人生的道路当然不好走，必然会遇到各种沟沟坎坎，曲曲折折。不可能一帆风顺，一路行来，总会有一个又一个的迷茫、挫败、失意、痛苦，甚至是困苦、不幸和灾祸，无奈、无助，自我否定，甚至是绝望，也时常伴生，这就需要不断调整自己，到最佳状态。只要梦想不泯，信念不倒，就会又找回自己，充满力量地前行，永远不会迷失自己，怀疑自己的人生。

所以，真正有风格的人，一旦明确了自己的人生方向和信仰，就会积极实践，上下求索，九死不悔，**坚持以自己的风格完善自己，完成自己有独特风格的人生。**

□乐天知命故不忧

南怀瑾先生说:"中国文化对于人生最高修养的一个原则就是四个字:乐天知命。乐天就是知道宇宙的法则,合于自然;知命就是也知道生命的道理,生命的真谛,乃至自己生命的价值。这些都清楚了,故不忧,没有什么烦恼了。"

《周易·系辞》说:"乐天知命,故不忧。"因为知道人也是万物之一,生于宇宙自然,同样有生有灭,有荣有枯,所以能够做到顺其自然地活着,尽自己的力量完成此生的使命,无论成败,都不会患得患失;无论顺逆穷通,无论幸与不幸,都能坦然而豁达地面对,宠辱不惊,淡泊平和,随遇而安,这就是"乐天"。

而"知命",就是认识到生命产生的神奇,创造的伟大,人类潜力的无限;同时又认识到人作为宇宙一分子的渺小。不仅有生老病死,更有自身天生的局限,并不能任意而为。为此,告诉自己要有自知之明,积极进取,但又不能违逆自然法则地冒进执著,免得徒劳无功,浪费生命。

"乐天知命"最重要的前提是对天道,即自然法则,有所认识,心怀敬畏。其次是对生命有所敬畏,认识到生命产生的神奇,人类从而积极追求人生的真谛。

人类社会发展到今天,物质和科技已经很文明,但对大自然和生命的探索,还远远未结束。宇宙如此浩瀚,个人如此渺小;生命的产生如此不可思议，个人怎么能够解释得清？说什么"人定胜天"，人类是已经飞上了太空，但怎么可能人定胜天？人类是很伟大，我们应继续充满自信，挖掘潜力，但任凭你多么有力量，怎么可能超越生老病死？我们的生命是有限的。

所以，**我们永远不要和大自然较劲，只能顺应天道，顺其自然地活着，这才是明智的生存之道。**如果破坏大自然，破坏万物生存的生态平衡，那么，吃亏的终是人类自己，必会为此付出沉重代价。

我国古人对于"乐天"早有认识，所以十分强调人与自然的和谐生存，无论是道家的"道法自然"，还是儒家的"存天理，减人欲"，还有佛家对"极乐"的"天堂"世界的描绘，都体现着对天道，对自然法则的一种宗教式敬畏。而今人呢？一味追逐利益，贪心不足，无视天道，对大自然无情踩躏，结果造成资源短缺、生态破坏、贫富分化……难道我们这是我们真正想要的吗？人类迟早会自食其果。

"知命"，不仅需要对人生和自己有个正确的认识，有自知之明，更主要是不苛求、不执著，不勉强自己做没能力去做的事，不给自己找累，不给自己徒加不必要的压力。

有过一些人生经历的人都应该有所体会：人固然需要自信，需要执著奋斗，但很多时候，很多事情，并非志在必得，不是说做到就一定能做到的，也不是努力就可做到的。这就是说，人生也有无奈，个人能力当然有局限。所谓"谋事在人，成事在天"。不能不承认，人生的穷通荣枯、成败得失，除了个人努力，很多时候与时运连在一起，并不以个人的意志为转移。而且成功的人毕竟是少数，大多数人只能平凡地生活。

明白了这个道理，就会尊重自己的天性，扬长避短，积极进取，实现自己；同时学会有所为，有所不为。在争取的同时，学会放弃；在负担的同时，学会减负减压。**真正学会做减法生活，越走越轻松，越活越简单。**虽然放弃有时很难，但只要放弃不该守护的东西，就会获得自我突破，实现飞跃式成长。

明白了这个道理，就尽量学会凡事不强求，包括成功，不追求不属于自己的东西，不与人比较，不嫉妒别人；做到脚踏实地，安分守己，尽职尽责，尽心尽力，只要问心无愧，心安理得即可；做到怀一颗平常心，活在当下，只管努力，不问收获，随遇而安，不耿耿于得失。俗话说："命里有的终须有，命里无的莫强求。"强调的是天命和时运，并非消极的宿命观点。

但是，我们肉眼凡胎，吃的是人间烟火，都有七情六欲，都有喜怒哀乐，人生的酸甜苦辣，往往不是尝遍，不能体会到人生的真谛，因为欲望，也因为生存和现实所逼。我们一生追求不断：功成名就，荣华富贵，爱情幸福，生活快乐，等等。得不到想得到，别人有的自己也要有，得到了还要追求更高一层。佛家说："人生苦的根源就在欲望，在执著。"总是这山望着那山高，何曾知道有尽头？追求不断，患得患失，心无安宁，纠结烦恼，痛苦不断。看透名利富贵，看透人生荣辱祸福，谈何容易？总是拿不起，放不下，舍不得。

古人说："淡泊明志，宁静致远。"能够真正做到淡泊处世，以一颗平常心生活，并非易事。如果不经历一番人生的大起大落，或者有非凡的修养，是很难做到淡泊的。

可是，人生就这么无休止地追求，无尽头地苦恼下去吗？做不到真淡泊，但至少要明白"乐天知命"的道理。明白这是一种对自然天地、对人生深刻洞察的智慧，是一种让人智慧生存的修养。

其实，人生苦乐相依，喜忧相伴，苦尽甘来，祸福相生，人生也不可能没有遗憾。人生的每个阶段自有每个阶段的追求，一切都是暂时的，都会过去；一切又都是有未来的、可以期待的。

南怀瑾先生说："就如上电梯，到某一层就有某一层的境界。它非变不可。因为知道一切事物非变不可的道理，但能随遇而安，所以乐天知命，故不忧。"

对今天的我们来说，做到淡泊固然很难，我们也没必要降低自己生活的激情和感受力，但至少可做到不急功近利，不偏执以求，尽一生的力量，追求自己想要的，也有能力做到的，并真正属于自己的东西。至于是否成功，先不去问。这就是尽自己的人生使命，是最大的乐天知命了。

如南先生所言，人生每个阶段都有不同追求，角度不同，感受不同，而且总会有自己无法超越的苦恼，但这不可避免，正是人生的常态，不必耿耿，不能释怀。一切都会过去。

一定要明白，乐天知命不是消极地认命、不思进取、庸俗苟且而活。而是顺天命、顺自然、顺时运而行。心怀平常心，万事随缘，顺其自然，珍惜把握当下，抓住生命中值得珍惜的东西，减少人生烦恼，活出快乐而智慧的人生。

□日日新，人生永远是明天

南怀瑾先生说："人生永远是明天。世界上最可怜的人，乃至老人的共同悲哀，都是只有昨天，没有今天，更不想明天。只想昨天前天，明天的他不敢想。任何人只要这个心理现象一来，就是已经老化了。不老化的人，也就是有道的人。他们能够日日新、又日新，不断地进步。"

人的一生，从生到死，活的就是一个过程，人生的意义也主要体现在这个过程中。你认真地生活，尽可能全方位地体验人生，发扬好自己的天性，不断提高完善自己，最终实现自己，同时照亮别人。那么，这个过程中的你，是积极的、忙碌的、充实的，也会是快乐幸福的，尽管也有失意、挫折和痛苦，人生的全部意义就在其中。

俗话说："人生一世，草木一秋。"人生的确短暂，而且韶华易逝，如春花秋月，转眼成空。刚刚明白些道理，活出点滋味，却往往就走到了尽头。不仅生老病死，我们没办法超越，就是自己的人生，也往往难以把握。有没有体验过人生的艰辛和无奈呢？所以，佛家说："人生就是苦。"

但是，人生的苦中，往往也相伴着甜蜜，所谓苦乐相倚，祸福相生，人生的全部意义正在此中。没有永远的苦，也没有永远的甜，总是反反复复，循环往复。如《易经》中所说："生生之谓易。"不断变化，生死相递嬗，正反相生，阴阳交变，生命在一个个"轮回"中带给我们无限的惊喜，也昭示给我们无穷的启示和意义。尽管感觉很累，很烦，有时甚至灰心绝望，但每个早晨，当你看到窗外刚刚升起的太阳，心中会重新升起无限的希望……

所以南先生说："这种生生不已，永远在成长、成长、成长……所以我常说：倒霉的人，他的好运要来了。为什么呢？因为《易经》不是说'生生之谓易'吗？霉倒过就是好运，这是循环的道理。所以我说，只有中国文化敢讲现有的生命，可以修到长生不死。'与天地同休，与日月同寿。'这个生命是永远的。"

人也是自然之子，与其他万物一样，有生必有死。万物皆有所属，其意义，就在于对他自身生命的完善。所以，你感觉到的意义，重在过程，不在结果。如果你能够让自己的人生过程充满活力，经历生命的春夏秋冬，春花秋月，最后开花结果，那么，必然可丰富世界和大自然的景色。明白了这个道理，就会法天效地，努力活出自己的绚丽人生。

你看石头缝里长出的小草，那是怎样的生命活力！人活着，也需要这样一股活力。一个有生命力的人，才可能是一个强大的人，才能够独秀一枝，坚强而伟岸地站立起来。

一个人，无论他经历了多少苦难、多少辛酸，无论贫富，无论处在什么位置上，都不失去自己的生命感受力，永葆生命激情，这是最难得的。每当看到万物复苏，他会敏感地发现春天的到来，心会感动，会欣喜，会随着大自然的步伐产生新的跃动……这样的人，是不老的人。

一个对生命有正确认识，心中充满感受力的人，自然会热爱生命，努力完善自我生命，创造出自己生命的意义。这样的人，人生于他，永远是明天。

面对流水，孔子发出浩叹："逝者如斯夫。"正是因为看到了人生短暂，所以要珍惜光阴，努力学习，"不舍昼夜"，完善生命。当然，学习的不仅是知识学问，更有生活的体验和自觉修养，对天命和人道的体察。孔子学习一生，又说："朝闻道，夕死可矣。"就是说求学心切，追求进步，终生学习，只要能得到真学问，那么立即就死也满足了。这是尽一生的力量学习、求道，工夫下到家了，人生也就完成了。这样的学习精神，正是正确认识生命，积极向上，珍惜把握当下，"日日新"，得进步。心情美好未来，让生命得到日臻完善。所以，孔子说"日新之谓盛德"。

人生短暂。但古人又说："人生不满百，常怀千岁忧。""生于忧患，死于安乐。"生命虽然短暂，但我怀忧患意识和使命感。一生甘于忧患，但如果死于安乐，则是人生的福气。为什么呢？体现了一种对短暂人生的自觉超越意识。作为有思想的人，活着不只是为了生存，当然还有更高一层的需求，比如快乐、幸福和建功立业，自我实现。所以，明知人生短暂，也要尽自己的责任和使命。这是人性的光辉和伟大，也是对短暂人生的超越。那么，忧什么呢？所谓"君子忧道不忧贫"，君子目光高远，心怀无私，忧患的不是自己，而是更多人的幸福和福祉。

这忧虑当然不是忧愁，不是气馁，而是充满责任和使命感的忧患意识，是对人生的积极思考和探索。想的是如何在有生之涯超越短暂的人生，活出超越时空意义上的不朽，切合时代，完成自己的人生使命。

追求人生不朽的人，当然热爱生命。他人生有限，但活力无限，精神不老。他不为有限的人生所局限，尽一生的力量努力发掘自身生命潜力，不断突破、提高、完善自己，以自己的实际行动，来超越有限的人生，创造出自己人生的意义，达到一种永恒和长生。

他们是生活的强者，不会哀叹人生苦短，也不会及时行乐，更不会回避现实，活在回忆中，他只会着眼于明天，活在当下，充满生命激情地"日日新"，为理想，为了明天，积极进取，百折不挠，直达理想彼岸。

因为他目光高远，积极奋斗，所以实现了豪迈的人生。他的人生既实现了自己，又光照了社会。他的人生早已脱离了个人意义，自然就有了一种不朽的价值。古今所有伟大人物，无不如此。古人追求的"立功、立德、立言"人生三不朽，"达则兼济天下，穷则独善其身。"都体现出一种自觉超越短暂人生，树起一种超越自我的伟大精神，创造出一种具有普世价值，启迪后人的人生意义。

当人生层次和境界提高了，生命也会更加充实、有力。

无论最终是否功成名就，这样的人生，就是"日日新"的、向上的人生，是完成了自己，完成了此生使命的人生，不枉此生。

而我们一般人，觉得人生苦短，应及时行乐。于是，得过且过，随波逐流，懒得去发掘自身的潜力，不懂得超越个人生命，甚至很多人逃避现实，靠回忆生活。当然，就成了平庸之辈。

人生是苦短，但人生的每一天是新的，每一年是新的，每一刻的感受是新的；而且，"我"是世界独一的，"我"为丰富这个世界而来，所以，一定要活出自己的精彩，完成此生的使命！

昨天不可追，明天不可测，我们能够把握的，只有今天。让我们活在当下，脚踏实地，扎扎实实，从今天走向明天，从一个胜利走向另一个胜利……

□人生就是悔，善于补过才无咎

> 南怀瑾先生说:"人生就是悔，悔就是很困难的，没有真正的无咎。要真正达到没有毛病的话，你要善于补过，自己随时反省自己……"

人非圣贤，孰能无过？世界并不完美，人也不是天生无缺的。人无完人。

天生各人，各有禀赋，各有优点，也各有缺点。有缺点的人，才是真实的，甚至可爱的人。能够正视自己的优缺点，尽力扬长避短，就是最好。所以，一个人追求完美，是徒劳的，也是没必要的。

人的一生，也不可能不犯错误。一个人因为有错误才真实，而且，真正的成长，也往往是从犯错中领受了教训。犯错的结果，无论是有心还是无意，结果都不会好受，没有人愿意犯错。有谁说，他的一生没犯过错呢？谁愿意犯错呢？没有。**但人非圣贤，漫漫人生路，总要错几步。没有不犯错的人生。只要能够正视错误，做到"不贰过"，就是最好。**所以，一个人苛求自己不犯错，不可能，也没必要。

人有缺点，会犯错，人生也不会是完美，当然有悔。谁能说自己的人生没一点后悔的呢？所以，南怀瑾先生说："人生就是悔"。没有无悔的人生。少壮时没努力，老大伤悲；少年时轻狂，长大后幡然悔悟；甚至是一时冲动犯罪，当时不觉得，事后悔泪长流……大千世界，百态人生，悔不当初的心态，人人皆有。但时光不能追，世上没有后悔药，只有扼腕长叹。这无可弥补的悔，是人生的一种无奈。

但是也不必为此气馁，**因为人生有悔，才正常，才是常态的人生。**当然，这是就客观上我们所说的无悔人生，也是指作为一种自我安慰的心态，也是一种理想追求。只要能够做到从悔中领悟，在以后的生活中弥补，就是积极、向上、有希望的人生。

人是很有意思的，正因为人生不完美，我们才追求完美。完美主义，作为一种状态，虽不能至，但心向往之。就是说，至少要作为一个理想来追求。为什么，因为我们是人，有向善向美的心灵。因为有求完美之心，我们尽力扬长避短，少犯错误，完善自我，完善人生，争取人生少一些悔，做到对己对人负责任地生活，做到无悔人生。

那么，如何做到无悔呢？

> 南怀瑾先生说："要反省自己，随时随地要能检查出自己每一方面的错误，随时随地检查自己的毛病。这样，才能做到无咎。"

反省自己，是人生的重要功课，也是重要的修养功夫。你真诚生活，积极向上，想活得成功，活出纯粹，活出意义，那么，必须反省。反省是什么？就是一种对加强认识，提升自己的方法。内省，就是静下心来，对自己的思想和言行，做一番内视和反观，或者说解剖自己，扪心自问。平常我们照镜子，或是照相，照的是外表，而且总是往好看里照，但内省不是，内省是参照事实，客观而无情地，把镜子照进自己心里，看看是好还是坏……

曾子说："吾日三省吾身……"近代的曾国藩每天抽出一定的时间反思自己，记下自己的错误，体现出对完善自我的一种热切追求。所有的成功人物，无不注重这种内省功夫。他们这样，当然是想突破自我，有所作为，更是一种对人生的负责精神。上下求索，追求人生不朽，无悔，无愧于心，其真诚如赤子般的情怀，是成大事的最可贵精神。

反省自己，不仅是认识和纠正错误，还有关乎成长的修养。一个时时反省自己的人，必能得到不断的进步，而且会日益加强自己的修养，气质由内而外，散发出人格和个性的无穷魅力。

一个人，如果人前这么想，背后也这么想，能够做到言行一致，那么，这个人，就是一个内外一致，相对纯粹的、光明磊落的人。而内省，就是要达到这样的目的：做好一个人。

我国古代，十分注重内修功夫。无论是道家、儒家还是佛家，都追求内心世界的丰富和充实，强大内在生命力量，以不变应万变，以应对现实世界的纷繁。道家的"无为而无所不为"、儒家的"内圣外王"，佛家的"万法归心"，都追求一种内外世界的相对和统一，从而达到生命的平衡、和谐。

静坐，内省，思己过，修养身心，这是一种重要的修养方法。古人说："宁静致远。"不宁静，心不安定。心不定，思虑不清，当然会思绪万千，纠结不断，百乱横生，烦恼不断。只有心定，才能产生智慧。佛家所言"戒定慧"，三者是紧密联系、前后有序的。只有有所放弃，即戒除，才能让心在清心寡欲中归于安定；只有安定，才能专心致志，般若智慧生，获得勇猛精进。这是很有道理的。常人虽不必那么严格，但应从中体会、学习。

一个人，当他自觉地让自己安静下来，摆脱喧嚣和浮躁，适时地内省，反观自己，那么，一定能减少错误，减少人生的悔恨，做到问心无愧、心安理得地活着。

而且，一个人因为内省，会更加认清自己，找到真正的自己，更加明白自己需要什么，如何取舍进退，如何生活；让内心更加澄澈，守护好自己的精神家园，活出更加独立而有力量的人生。

第二章
君子安身而后动

南怀瑾先生说:"人生之道,君子安其身而后动。"

君子做事先做人,即先务本,先修身,修养道德仁义礼致信等,规范自己的言行,然后才能安身、安人、齐家、治国、平天下。

□把"人"做好

南怀瑾先生说:"要做一番事业,做一件事情,要有一个行动,必须先求身安,身安而后动。"

南先生所说的"身安",实际就是说一个人要有起码的人生观,要有所立,知道自己要做个什么样的人。换句话说,只有做好了人,才能安身立命。

孔子说:"君子务本,本立而道生。"即君子以做人之道为根本,根本立起了,才能认识到大道,修养道德,立身立功,齐家治国。这其实就是说:做事先做人,做人是根本。做不好人,就做不好事;做好了人,才能做成大事。

但凡有些人生经验的人,都有这样的感受:做人难,做一个好人更难;而做好一个"人",更是难上加难。

一个人,在他的一生中,究竟要做多少努力,才算完成了自己,完成了一个人?答案应该是:一生的努力。尽管各人情况不一,有人较快找到了自己,但无一例外,都要经受一次次的人生考验,这些考验直到你生命的尽头。你经受住了考验,你就是一个硬骨头的人,一个成功的、纯粹的人。

人最难认识的是自己,最难管的也是自己。一个人做一时的好人不难,难的是一辈子做好人。这个,就要看他的功夫和修养了。

有人问孔子:"管仲这个人怎么样?"孔子说:"人也,夺伯氏骈邑三百,饭疏食,没齿无怨言。"意为:"他真是个'人'啊!在他当政时，能把齐国另一个大夫伯氏的三百亩好田地，没收为公有，致使伯氏一家一下子陷入贫困，以粗茶淡饭充饥，但是一直到死，伯氏对管仲都没有怨恨，心服口服。"

这真是不容易啊！齐桓公称霸，管仲的功劳最大，孔子十分佩服他。南怀瑾先生说："所以，孔子说他能够称得上一个人，了不起！孔子没有说他是一个大政治家，政治家也并没什么了不起，不过是官位上的功勋，而能够做到称得上一个人，这才是了不起。"南先生认为，拿了人家财产，人家因此贫困，但对他毫无怨恨，认为处理得很公平。一个当政的人能够做到这样，的确是了不起，历史上没有人能够做到这样。

做人做到成功，自己满意，别人满意，的确很难。人生的过程，就是完善自己、完成自己的过程。一个人如果真能尽早地认识自己，找到自己，活出自己，完成自己此生的使命，也就活出了自由选择，活出了成功和意义。

而这个过程，是艰难的。所以说，人生一世不容易。不仅要努力养活自己，经受各种人生滋味和来自各方面的考验，更有对自己的寻找和突破，战胜和完善。这是十分艰辛的，每个人都不会一帆风顺。无论你出身、背景、实力如何，都会有这样那样的困惑和痛苦存在。

然而，做人难，做一个好人更难。有时，你好心却做成了坏事，费力不讨好；有时，你真诚做事却不得理解，反遭到妒恨；有时，你待人以诚，付出也很多，不要说回报，甚至还为此得罪人，付出越多责任越多，付出越多受伤越多；有时，你仗义执言，却被认为是多管闲事，祸及自身；有时，你想洁身自好，不与其同流合污，但别人会因此孤立你……不是你好心就会得好报，不是你真诚努力就一定能得到好的结果。也就是说，并非都是"种瓜得瓜，种豆得豆"。生命中有太多的悖理，似乎在跟你开着一个个玩笑，揶揄着我们。不能不让人感叹：做人难，做一个好人更难。都说"好人有好报"，但现实中，受伤的往往是好人。所谓"柿子捡着软的捏"，"老实是无用的别名",吃亏的往往是老实人,谁说的"老实常在"?生活的悖论时刻在告诉人们:人都是欺软怕硬,老实人不能当。我们看到,人情势利,世态炎凉,都是看人下菜碟,真正的平等、公平和正义,从来不存在,假恶丑似乎总是占了真善美的上风。我们从小受的教育是做个好人,但是,做好人如此之难?

  成长中,这样的困惑,应该说,自从有了思想,从叛逆的青少年时期开始,我们就对社会、人生、人与人,开始了对人性的思考。在整个学习和成长的过程中,都伴随着这样的困惑。直到走向社会,经历各种来自工作和生活的考验和磨砺,在对自我个性和社会共性的角逐中,在不断的自我调节与修养中,我们才开始成熟起来。在对社会和人性多了一些认识后,我们最终发现:还是好人多,老实常在,好人会有好报;而一个人,只有做好人,才能做成大事。

  从此,我们少了很多迷茫,真正开始明确起自己的人生方向。努力在工作、生活和学习中提高、完善自己,尤其加强修养,增加内心力量,增长生存的智慧;认识世界的不完美,从此不再要求完美和绝对的公平、平等,认识到世上还是好人多,所谓"老实常在",公道自在人心;学会正视现实,豁达宽容地为人处世,真正懂得谦虚谨慎,心怀敬畏,低调做人,学会坚守自己,不随波逐流,但同时也知进退方圆和中庸之道,明白适时糊涂做人的道理在。对于人生成败得失,对于穷通,名利和地位也多了理智认识,不会为物欲所牵,坚持自我精神家园的洁净,能入世,也能出世,在俗世中活出一份洒脱的人生。

  应该说,这个过程,至少要经过十几年的人生历练,往往在30多岁时,才可能有一些真正的体会。所以,成长是要付出代价的。没有捷径,没人可代,只有自己用心体会、总结。

  那么,怎样才算是好人?如何才能完善一个人?虽标准不一,但总有个大概说法。孔子说:"君子本立而道生。"就是说,一个人,做人的根本就是首先要守孝悌,即事亲以孝,尊敬兄长。这是人之大伦。然后才能修养其身，即修养道德、仁义、信、礼等品质，在外朋友交于信义，对国君要尽之以忠，这样正心、修身，才能齐家、治国、平天下。用现在的话来说，就是：只有做人做到位了，才能成大事，建功立业。

人性是相通的，从古至今是一脉相承的。现代人眼里，"好人"当然要遵纪守法，是合格公民，但不是不犯法就是好人，还要讲道德，有良心，有气节、有情义，有一份自觉的责任和担当。按照这个标准去做，基本就可以获得人们的信任，就可成家立业，安身立命了。当然，要做成大事，就必须要具备古人所说的那些品质，要有超出一般的品质，尤其要有大德，这样他才会"得道多助"，从人群中脱颖而出，成就一番事业。

任何一个对人生有所期待的人，都会选择负责任、有担当地活着，做一个有情有义、有原则操守、有所坚持的人，无论多么辛苦，这是他的选择，所以九死而不悔。无论社会和人情如何变幻，他都会选择做个好人。

因为他明白：做事就是做人，做人更重要！做好人，才能做好事；做成了事，才能更好地升华自己，成就自己，让自己成为一个脱离了低级趣味的人、一个较纯粹的人。这样，人生才充实、幸福、无悔。

□ 赤子本色最真诚

南怀瑾先生说："社会与环境不足以影响人。每一个人都要有独立的修养，不受外界环境影响，永远保持一颗光明磊落、纯洁质朴的心，这才是做人的最高修养。"

在这里，我们读到了真诚和质朴。南先生是说，一个人处在世间，应坚持自我善良的天性，保持内心的清净质朴，而不受外界左右，洁身自好。做人有所操守，这个很重要，面对外界的纷扰，能够做到有所坚守，不失自我，守护好自己的精神家园，这需要很高的内心免疫力和修养。所以，南先生说："这是最高的修养。"

我们生活在社会中，社会人心复杂多变，而且社会是竞争的，可以说险象环生，一个人能够做到生存，而且不能世故庸俗，保持人格和精神的独立不倚、不倒，这是不容易的，需要抵制来自各方面的诱惑，尤其要战胜自己，明白自己此生的目的是什么，真正需要什么。不为外界所扰，不被人左右，不同流合污，这个很不容易，人们往往要经历一个成长、成熟的过程，而且随着生活阅历和修养的增加，才慢慢让自己变得更加坚定、坚强，尤其是内心充满力量。一个人内心充满了力量，那么就会"以不变应万变"，能够调节自己和周遭的环境了，这样，他就做到了对己对人负责任地活着，也做到了真正自由地活着，活出了自己。

这样的人，一定是真诚生活的人，一定是越活越简单的人。而真诚和简单，是他一生奉行的准则，也是他的一种生活方式。

你不想苟且而活,想真正活出自己的尊严、幸福和快乐,就必须不能够失去自己;想不失去自己,就要真诚而磊落地活着,不失赤子之心,而且,会做减法生活,越活越简单,最后返璞归真。在这方面,古人早有许多见解。老子说的"复归于朴",就是主张人应该活得自然、随性,最后返璞归真。孟子说:"人之初,性本善。"他认为人性本是善良的,做人就应该不失赤子之心,保持善良的天性。这样,才不失为一个人。

真诚质朴,是作为一个人最原始、最本质的品质。一个人,做人必须真诚,保持质朴,否则,"道德不立","无信不立"。如果故弄玄虚、矫情做作、掩盖本真,或者本性不再,那么,这个人就是虚伪,谁喜欢伪君子呢?

人类社会发展到现在,物质是丰富了,但真正有营养的也少了;文明是发达了,但人心诚实和质朴难寻。不能不令人感叹。许多人明白这个道理,但一进入社会,就无法把持住自己,只能随波逐流,这正是悲哀所在。有几个坚守的人呢?

只有大人物,或者有大德、修养高的人,坚守不变。事实上,真正成就非凡的人物,都是坚守人性的本真,保持人格和思想的独立,而绝不随波逐流的。相反,他一生坚持真诚地生活,真诚为人处事,真诚地待人接物,绝不自欺,也不会欺人。因为坚持,他树起自己独立不屈的形象,显示人格的魅力;他做人做事有自己独特的风格,这并且很能感动人、感染人,让他很快脱颖而出,成为影响周围的中心人物。因为他人品好、人缘好,做人做事有自己的一套,眼光又远,有志向有气节,当然能获得别人的尊重和拥护,这样,他的权威形象自然树立起来,那么,他做事一定"得道多助",成功对他是理所当然的事了。

所以我们说:**老实常在。**越是诚实厚道的人,越是质朴无欺的人,别看他平时经常会吃些小亏,也总是甘愿吃些小亏,但最终的胜利,往往属于他们。

1928年，已小有名气的沈从文，受聘于当时的上海中国公学当讲师，主讲大学一年级现代文学选修课。

在第一节课前，他认真地备课，做了充分准备，资料足够一个小时所用。他自以为成竹在胸，所以，当他进教室时，他既没带教案，也没带任何教材。

但是，当他真正面对底下的一大群学生以及很多慕名而来的听众时，他突然头脑失控，一下子蒙了，不知从何讲起，准备好的所有的话，一下子无从找寻……

一分钟过去了，他未能发出声来。五分钟过去了，他仍然不知从何说起。

就这样，在众目睽睽之下，他竟然呆呆地站了近十分钟！

这十分钟的经历，在沈从文的感觉里，甚至比他当年在湘川边境翻越山越岭还要漫长、艰难。

紧张过后，他开始慢慢平静下来。好容易说出了第一句话，这第一句话出去，后面的话就像决堤之水，一下子崩溃了，千涛万浪奔腾而来……

他一面在黑板上抄写授课提纲，一边侃侃讲授，可是，又一个问题出现了，让他始料不及：原来预定一个小时的授课内容，不料在慌忙中，十多分钟便全说完了！

这让他再次陷入窘境。怎么办呢？又不能逃跑吧。接下来，说什么呢？

他拿起粉笔，在黑板上写道：我第一次上课，见你们人多，怕了。

当时已名声在外的大作家，讲课如此失败。下课后，学生们议论纷纷。有人说："沈从文这样的人也来中公上课，半个小时讲不出一句话来！"

话传到校长胡适的耳朵里，他却不以为然，竟大度地笑笑说："上课讲不出话来，学生不轰他，这就是成功！"

正如胡适所言，此后，沈从文并没有被失败打倒。他保持一贯的真诚和磊落,"不声不响地做自己的工作",直到讲课能挥洒自如。

　　沈从文一生坚持真诚为人处事,曾坚持叫自己"乡下人",这是他故意把自己与所谓的城里人区分开,旨在保持真诚的生活姿态。无论他当作家,还是从事中国古代服饰史的研究,做学者;无论是他做人,还是交友,都保持真诚和质朴,所以他才写出了那么灵气洒脱的文字,成为诺贝尔文学奖的提名者,成为许多大师级知识分子的座上宾,成为一个古董和服饰专家。他无论做人还是做事,坚持真诚,独立不倚,要么不说,要说必是真话。他的真诚,在中国知识分子中是少有的,也是真正的知识分子。他用自己真诚的一生,写了一个大大的"人"字。

　　道家讲"抱朴守一",儒家讲"明心见性",佛家讲"心诚则灵",都是说真诚的力量。所谓"精诚所至,金石为开。"真诚的力量是最大的。现在,有些优秀的推销员,你问他们成功的秘诀是什么,他们多半会告诉你:"是真诚。"人性是相通的,将心比心,越是在缺少诚信和质朴的时代,这种品质越能感染打动人。所以,聪明人会反其道而行之,绝不会失去自己做人真正的本性——诚为"至性",它是做人的最大资本。

　　如果一个人因为诚实吃了点小亏,以后就怕了,选择不做诚实人,那么就是向社会人心妥协屈服,内心没有坚持和免疫力,这样没有定力,当然以后会更多地被外界左右,这样,他自己就很难立起来,当然活不出什么尊严和幸福来的。

　　所以,**做人一定要有所坚持,这是最大的修养。当你一直坚持自我(不是以自我为中心),不失自性的真诚,一定会发现:自己越活越充实,越有力,而且越活越简单,越轻松。**这种感觉是很好的。

□君子胸襟坦荡荡

孔子说:"君子坦荡荡,小人常戚戚。"

南怀瑾先生对此解释说:"君子的胸襟永远是风光霁月,像春风吹拂,清爽舒适;像秋月挥洒,皎洁光华。至于小人呢,小人心里永远有事情的,小人永远是憋屈的,不是觉得某人对自己不起,就是觉得这个社会不对,再不然就是某件事对自己不利。"

胸怀坦荡,是君子小人最主要的区别。坦荡就是一片光明磊落,问心无愧,心安理得,所谓"不做亏心事,不怕鬼敲门",就是这种心境。

君子一生追求道义,不因名利而与人争,"忧道不忧贫",无论幸与不幸,都能做到坦然面对,乐天知命;无论别人如何看待他,都不会介怀;无论得失成败,都能乐观以对。南先生说:"这乐观不是盲目的乐观,而是自然的胸襟开朗,对人也没有仇怨。"

因为他看透了人生,怀一颗平常心,认为一切都很平常,所以能做到不以为意。能做到这个的,当然是君子,一般人只能是可望而不可即。因为欲望,有几个人能做到?不争,也不计较的,太少了。

古来所有的正人君子,最大特征就是为人正直、无私,为了道义、人格可放弃名利,视富贵如浮云,为此"处义不回"、"见嫌而不避",他只要是认为对的,就义不容辞,不惧顶风犯上,甚至可"舍生取义",显示出一颗大公无私的心。例如历史上的包公,他秉公执法,坦荡为人,深受百姓的爱戴。

华歆和王朗一起乘船逃难。有人想与他们一起逃走，华歆立即拒绝了他。王朗说："幸好船上还宽裕，有什么不可以呢？"后来强盗追到了，王朗想丢下那个人。华歆说："既然已经答应了他怎么能因为情况紧急就扔掉呢？"于是仍带着那个人逃跑。

彭德怀为人刚正耿直，敢说真话。1959年，他因反对"大跃进"的盲目冒进而遭到错误的批判。一次，他指着茄子秧对侄女说："茄子不开虚花，小孩不说假话。我这个老头子就像小孩一样不说假话。"

君子的坦荡，表现为他负责地生活，对自己对别人负责任、有担当，不仅做好自己分内之事，而且积极为他人排忧解难。他助人为乐，一腔坦荡的胸襟，有情有义，在人群中树起很高的权威。

另外，他们的坦荡还表现为他对于自己人生态度的坦然和智慧。这就是说，无论成败得失，无论穷通，无论幸与不幸，他都能把它们看作是自己人生中不可回避的经历来正视，坦然地面对，乐观地接受。能吃苦也能享受人生。

一个人如果能积极进取，又不勉强为之，永远乐天豁达，那么他的坦荡便成了智慧。

现实中，能把坦荡做到豁达智慧的人，并不多。有些正人君子，心怀坦荡，但因为太直太硬，一味仗义执言，说话办事不注意方式，不善自保，往往容易被人误解，得罪人。社会人心复杂，不是你好心，就能办成好事。加之有时有小人作梗，往往结果适得其反，自己还腹背受敌，招来祸患。所以，正人君子的爱憎不能表现得太分明，否则"枪打出头鸟"，锋芒毕露必自毙。老子说"上善若水"，主张为人处事要"守柔"、"守弱"，很多事情不是走直道最短，而是曲径才能通幽。所以，做好事，也要讲方法。

古之君子十分注意修养的功夫，君子要善于为人处事，做到"外圆内方"，就是想为正义多管闲事，也要知道"避嫌疑"，察言观色，讲策略，注意方式方法。如果冲动硬上，意气用事，则于自己不利的。

□谦卑为人，心有敬畏

南怀瑾先生被人称为大师，但他本人从不以大师自居。他的学生都以他为荣。南怀瑾先生可以说是桃李满天下了，但先生却不以老师自居，总是谦虚地说："我从来没有一个真正的学生，也没有收过一个徒弟。我最讨厌人家把我当成偶像。吾乃一凡人，不足让人盲从我。"

南先生还经常告诫别人说："不要以为自己很高明。"他还说："一个人做到得意不忘形很难。"

"谦受益，满招损"这个道理，我们从小就知道了，但是真正体会到，并且做到的人，并不多。

一个人的谦卑不是生而有之，应该说，也是需要学习来的，总有一个认识和学习的过程。如果不是有些生活经历，吃过骄傲的苦头，认识到自己才力的有限和渺小，一个人很难做到真正的谦卑。相反，人最容易犯的毛病是自以为是，不会换位思考，总以为自己了不起，好为人师。所以，南先生告诫人们说："不要以为自己很高明。"因为，这样的人，往往会聪明反被聪明误。但人都是自我的，很难做到超越自己。所以，南先生又说："人很难做到得意不忘形。"

一个真正能够做到谦卑的人，不仅需要学习和经历，有对人生、社会、人与人的一个认识过程，更在于一个人修养的深度。

真正谦卑的人，他会有所敬畏。古人说："君子有三畏：畏天命，畏大人，畏圣人之言。"就是说，君子对上敬畏上天、天道，对下敬畏人道，敬畏父母君主，尽孝尽忠，敬畏圣贤，谨慎守之。

孔子有没有学问？但是他一生谦卑自处，认真求学，认真修身，不断得到提高，最终成为万世之表的大圣人。

有一次，孔子和他的学生到鲁桓公庙里去，看到座位上摆着敧器。问守庙的人："这是什么东西？"

回答说："这是放在座位右边的器具。"

孔子仔细看了看，又问："听说这东西空着的时候是倾斜的，装一半水就立起来了，而把水装满就会倾覆。是吗？"

他让学生试验了一次，果然如此。孔子感叹地说："哪有盛满了水而不倒的呢？"

学生子路问："那怎么才能够让它保持盈满而不倾覆呢？"

孔子说："聪明人，用老成持重来保持他的聪明；功满天下的人，用谦逊低调来保持他的功劳；勇力超群的人，用细心谨慎来保持他的本领……"

可见，一个人功高而不自满，聪明有才而不骄傲，不露锋芒，顾及别人的感受，那么，他就能做到自保，而且更加进步。

敬畏上天，感觉到自己在浩渺的宇宙和大自然中，只是微小的一分子；而且生命有限，知识无涯，自己完全没有资格骄傲啊！敬畏父母，事亲以孝，永远恭顺服从；慎终追远，缅怀生命，遥想未来，追问生命的意义和价值；敬畏圣贤，谨守圣人之言，修养道德，立功立言。有所敬畏，就自然会要求自己内修道德仁义，外化为谦恭礼让之礼仪，这样，就能做到谦卑自处，言行谨慎，安分守己，不越规。

这是一种由敬畏上升为积极学习的态度，法天效地，向大自然学习，向尊长学习，向圣贤学习，精进学业，体验人生，提高修养，完善自我。这样，他怎么能不提高呢？也只有这样，才能安身立命，建功立业。做好人，做大事。

值得一提的是，现代人的"敬畏"越来越少了。人们为了眼前利益，大肆破坏环境，任意掠取资源，以为"人定胜天"，完全丧失了对大自然的敬畏；为了一己私利，伤天害理，损人利己，丧失对道德的敬畏；不尊敬父母兄长，为一套房子反目，"空巢老人"越来越多，失去对尊长、对生命的敬畏。这样的结果，是生态失衡，家庭不和谐，社会不稳定。是人们该反思的时候了。

一个谦卑自处的人，往往知书达礼，恭敬守礼，温文尔雅，不与人产生纷争，而且他修养好，不会争强好胜，锋芒毕露，总是谦卑自处，低调做人做事；并善于察言观色，安分自保，善于"守柔"、"示弱"；并善解人意，能包容理解人，这样的人，当然能避嫌疑，与人少纠纷，远离祸患。

谦卑对于年轻人不容易做到，尤其是一些有才华的年轻人。总是恃才傲物，有所为时容易得意忘形，失意时容易牢骚满腹。这固然由于年龄所限，涉世尚浅，不谙人情世故，不会察言观色，也不善于自保。这个急不来，必须经过一个磨砺自我意志品质的阶段。

但是，个人的修养，却是能够自觉加强的。如果一个人平时注意自己的修养，那么就会少些意气冲动，多些对于周围的理解和包容，自然会少些盛气凌人，少些锋芒毕露，少些因骄傲而惹人不快，从而多给自己的才华创造更好的环境和人缘。学会智慧地为人处事，就自然感觉到修养的作用，从此学会谦卑为人。

可见，**谦卑不只是一种做人的姿态，更是一种修养，一种为人处世的智慧。**

□ 推己及人有恕道

南怀瑾先生说:"历史上,有不少刻薄寡恩的政治领导人,都不得善终。古代的人,如尧、舜、禹、汤、文王、武王、周公、孔子、乃至于齐桓公、晋文公这些人,他们在思想上、功业上,所以能够大大地超越别人,使他人望尘莫及,并没有什么其他特别的本领,他们不过善于推广他们的仁心,也就是孔子所说的那种推己及人的恕道。譬如你想吃好的、穿好的,也让别人吃好的、穿好的,从心理建设、建立恕道开始,行仁政,就是这样去做的。"

所谓"宰相肚里能撑船",凡是有非凡成就的人,他们最大的特点就是胸怀宽广,有海纳百川之量,所以才能成其大。

一般的人,多有自我成见,不仅鼠目寸光,而且小肚鸡肠,不是刻薄寡恩、自私自利,就是追求完美、苛求他人,要不就疑神疑鬼,"以小人之心度君子之腹"。一有不满,就耿耿于怀,从此结怨,或者睚眦必报,很难做到宽大肚量,这样,怎么能做成什么大事呢?

一个人有恕道,一般来说,都有不凡的见识和高远的人生目标,这让他们不会为眼前的小事而费心力,不想因小失大——他们的目标在远方,他们把眼前的一切作为修炼自己的必经途径,他必须要超越之。所以,他对人有宽容之量,不与人斤斤计较,不因小失大,不与人结怨，而是大事化小，小事化了，顾全大局，把眼光放远，并且善解人意，对人能够包容、原谅，也能忍辱，暂时受些委屈无所谓。为什么能做到这些？因为他看得远，看得高，而且有修养，不自私，即使受些委屈甚至忍辱都无所谓，他把它看成是修养的功夫，这样，他就能不断地超越自己，最终征服别人，以自己的实际行动感动人，感染人，成为周围的重要影响力量，这样的人，自然得道多助。他要做的是大事，而大事必要有同道和更多人力的支持，所以，他重要的目标是驾驭他人，实现远大理想，实现自己，也服务更多的人。这眼光，让他宽宏大量，所以，他能取得成功，成就非凡。

你看古今所有的伟大人物，越王卧薪尝胆，韩信甘受胯下之辱，刘邦宽容得众，等等，无不是能做到极大宽容，甚至能忍辱的人。

公元前279年，赵国的蔺相如守完璧归赵，立了大功，拜为上卿，位在大将军廉颇之上。

廉颇自恃功高，很不服气，扬言要羞辱他。蔺相如听到廉颇的话，常常称病不上朝，不跟廉颇争位。

有一次，蔺相如坐车外出，碰见廉颇就赶紧避开。门客以为他胆小怕事。蔺相如说："秦王那么厉害，我都不怕，难道还怕廉颇？我考虑，强大的秦国之所以不入侵赵国，只是因为有我们两人在。如今二虎相斗，必有一伤，势必削弱抵御外敌的力量。我之所以躲避廉将军，是先国家之急而后私仇啊！"

这话传到廉颇耳中，廉颇很觉惭愧，便袒衣露体，负荆登门请罪。说："我粗野低贱，志量浅狭，开罪于相国，相国能如此宽容，我死不足以赎罪。"于是将相重归于好，成了生死之交。

宽大肚量，是不挑战自己心理极限，调整好自己心态，理解别人的结果。只有不断挑战自己，才能超越自己，征服别人。

有恕道的人，一定是一个注重修养的人。通过一些人生的经历，经过磨砺，他认识到世界并不完美，社会也有污点，假恶丑随处可见；认识到每个人都有缺点，人性也有不足，人无完人，人的好坏也不是绝对的，一切都处在变化和转变中，只要存在就自有其道理在，每个人都有自己的痛苦，每个人活得都不轻松，所以不会苛求任何人。

而且，他认识到社会人心就是这么复杂，烦心事不断，如果都去计较，会活得太累。因此**加强修养，学会糊涂做人，不追求理想和完美主义，不勉强别人，也不为难自己，这样，才会越活越简单，越轻松，修得智慧生存之道**。

一个人有恕道，他一定是一个充满大爱的人。他能宽容他人，甚至委屈自己，体现了对他人的极大尊重和理解。这是一种高尚的品质，体现了一种博爱，也正是人性中这种爱的光辉，让人间充满温暖。

南宋诗人杨万里的妻子70多岁时，她还是每天早早起床，然后径直走进后院的厨房里，熟练地生火、烧水、煮粥。满满的一大锅粥要熬上很长时间才行，杨夫人静静地等着。当清甜的粥香顺着热气渐渐充满了厨房，飘到了院子时，家里的仆人们知道，主人又为他们熬好了粥，该到起床的时候了。

当他们洗漱完毕，到厨房接过杨夫人亲自给盛的满满一大碗热粥时，是他们感觉最幸福、最温暖的时候。在杨家，他们体会不到自己被当成下人的感觉。

这样的事是经常的，尤其在寒冷的冬天，杨夫人更是坚持为仆人们做早饭。

每当看到自己年迈的母亲这么亲自操劳，杨夫人的儿子杨东山感觉十分心疼。一天早上，杨东山对母亲说："母亲，天气这么冷，您又何苦这么操劳呢？"

杨夫人笑笑，语重心长地说："没什么苦的。他们虽是仆人，也是各自父母所牵挂的子女。现在天气这么冷，他们还要给我们家里做活。让他们喝些热粥，胸中有些热气，这样干起活来才不会伤身体。"

这种设身处地和推己及人十分可贵，向人传达了人性善和温情的一面，也体现了一种推己及人的博爱精神。

所以，推己及人的恕道，不仅是一种修养，更是一种品质、一种自我突破并征服他人的力量。

□人生必须耐得住寂寞

南怀瑾先生对一些有志于做学问和修持道德的年轻人说:"不容易啊!那你必须先要准备寂寞一辈子才行。要甘愿寂寞一辈子还不够,还要更进一步,懂得如何来享受寂寞。"

孔子说:"德不孤,必有邻。"又说:"不患无禄位,不患没知己。"就是说一个有道德的人,不必担心自己没有志同道合的同志,不必担心没有欣赏你、懂你的朋友。

但是,"天下正道是沧桑",不仅求道之路上充满艰辛,就是如何战胜自己,耐得住寂寞和清贫,也是一个很大的考验。很多人因为受不了这个苦,耐不住清贫和寂寞,最终改弦易辙。

所以,南怀瑾先生说:"真正为道德而努力,不要怕寂寞、怕凄凉,纵然不得志于一时,也得志于万古,这一点要先认识清楚。"

人是个性的,独立的,但同时又是共性的、社会的,需要独立,又需要共处;需要安静,又需要热闹。每个人都是如此,只是程度不同而已。而且,人的价值往往是社会标准上的,人无法脱离社会,也不能与世隔绝。每个人都有参与社会,实现自我,满足虚荣心,得到名处的愿望。这是天性决定的,也是必然的,没必要扼制。所以,要一个人耐住寂寞,享受一人世界的孤独,这是一个很大的考验。

寂寞是什么,是空,是静,是看不到头的苍白和落寞,是苦,是怕,是无助,甚至是绝望。无边的寂寞,会让人无奈到悲凉,流下无助的泪水。它就像一个魔鬼，吞噬着一个人在软弱无助时的灵魂，让他万念俱灰，不知如何安顿自己，失去生活的方向……

寂寞是多么可怕啊。所以，一个人，如果没有足够的内心支撑，是很难忍受生命的无边寂寞的。突然间与世隔绝了似的，自己独处一室，也无人殷勤问候。而且有时必须要独处，为了完成一项任务，那么，这种"空"的感觉就十分可怕了。

当然，每个人都有适合自己的生活方式，你可以不选择享受寂寞。社会这么大，人这么多，如果不是特殊情况，每个人都能做到进入热闹欢腾的生活浪潮中去。但必须明白：人赤条条来，又一个人走。**人生本质上是孤独的**；而且，人生之路上，无论有多少依靠、多少亲朋，但都不能依靠，**只有自己最可靠，人生的终极关怀唯有自己**。你的人生的所有苦和乐，没人可代替你，也没人可依靠，没有捷径，只有靠你自己来承受。**就此意义上讲，人必须学会独处，必须耐得住寂寞，学着享受寂寞。无论你是谁，无论是否有志于学问和道德，都无法摆脱生命的这种寂寞**。我们没有选择，我们必须学会享受孤独。

而且，只有你学会了独处，才能真正了解自己，突破自己，增进内在力量，提高生存的竞争力，从而真正实现自己。所以，忍受寂寞，享受孤独，是人们成长中的必然选择，也是一种修养的方式。

古往今来，那些有非凡成就的人，无论是圣贤大德，还是伟人英雄，无不是能够忍受寂寞和清贫的人。尤其是大德或高僧，他们的人生几乎就是与寂寞和清苦为伴，寂寞和孤独就是他们的一种生活方式。能够坚持下来的，并不多，但只要能坚持下来，就成就不凡。

孔子自己有三千弟子，其中有七十二贤人。弟子个个都是精英，担任着国家的重要职务。用南怀瑾的话说，这是一股不小的力量。如果孔子振臂一呼，揭竿而起，那结果当然有巨大的号召力，十分可怕的。但孔子没那么做。他不是陈胜那样的人，他不求一世之功名，他求的是千秋功业,求万世之名。他知道自己的价值在哪里。就是教书育人,教化众生。他知道文化的价值和意义。所以他耐住寂寞,甘心做一辈子老师。一生清贫,安贫乐道,生前有名,但并没成万世之表,死后五百年,汉武帝"独尊儒术",他才有了至高无上的尊荣。一生辛勤执教,五百年后才见最大效果。可见孔子的远见卓识,但有几个人能耐得住这个寂寞?只有孔子。

孔子为什么能耐住这寂寞?是因为他相信自己百年后将苦尽甘来,名垂青史,永不再寂寞。所以他从不以自己的清苦为意,而且十分赞赏弟子颜回"一箪食,一瓢饮,在陋巷,人不堪其忧,回也不改其乐。"甘于清贫,能自得其乐,乐在其中的"安贫乐道"精神,说"贤哉,回也。"这就是君子啊!

陶渊明的《五柳先生传》这样描述自己:"娴静少言,不慕荣利","好读书而不求甚解",以精神愉悦为乐。"环堵萧然,不蔽风日;短褐穿结,箪瓢屡空,晏如也!"住的是四壁露风的陋室,冷冷清清,遮不住风雨阳光;穿着打了许多补丁的粗布衣服,饭碗和菜篮子经常是空的,但是他能安之若素,自得其乐,以写文章来消遣时光,得失全不放心上,这样过完自己的一生。他辞官回家,自愿过这种悠然自得的生活,不与官场同流合污,这也是君子的安贫乐道精神。

君子追求的是道,不因为个人生活的清苦和寂寞而忧愁,所谓"忧道不忧贫",因为心怀天下,能做到"安贫乐道",为此,始终坚持真诚地生活,坚定自己的信念,无论穷通,不改其志,一生追求精神产品的创造和弘扬,这样的人,就是真正的君子,是真正的知识分子。

现代社会,人心浮躁,更是空虚无着,寂寞抓狂。人们匆匆忙碌,跟个风车似的,却不知要往何处去。节奏太快、压力太大,让人们的安全感、幸福感、快乐感都在下降,生活的质量和格调都打了折扣,心理疾病大大增多。虽然人们的物质生活丰富,而精神却贫困迷茫，失去自我，这不能不说是一个后退。路在何方？这实在是一个值得认真思索的问题。

对于个人而言，如何安定自己的心灵，守护好自己的精神家园，不失自我，让自己活出幸福和快乐，成为每个人必须要面对的问题。社会不能改变，现实就是这样，但我们可以改变自己。怎么改变？就是坚持做自己，做好自己，增进修养，安定好自己的心，增进内心的力量，学会智慧生存，以不变应万变。而这一切，如何做到？就是不随波逐流，适当让自己跳出热闹的生活，加强修养，忍受寂寞，学着享受孤独。

事实上，你如果想做成点不平凡的事，必须有自己的创造，而创造必须在宁静的环境中进行，这个宁静说白了就是寂寞，创造要在孤独中完成。不仅是文艺创作如此，所有的创造，包括深入的思考，都需要在孤独中寂寞而独立地完成。孟子所说："天将降大任于斯人也，必先苦其心志，劳其筋骨……"也是这个道理。

如果你有志于学问和道德，那更得向圣贤学习，忍一生寂寞，孜孜不倦，修己安人，才可能享千秋之名。

□真智慧看大节

孔子说:"君子不可小知,而可大受也。小人不可大受,而可小知也。"

意思是:对于君子,不可用小事来考验他,他的成功表现在大处,即做伟大的事业;对于小人,他接受不了大任务,只能用小事来衡量他。

对此,南怀瑾先生说:"我们看到许多聪明人,年纪轻轻一得志就完了,这就是'小人不可大受,而可小知也'。有许多人有真的智慧,要看大节,在大节处能受,就是大根器。"

为什么君子能成其大?就在于他有远见卓识,眼光高远,胸怀博大,有高尚的道德,有浓厚的学问和修养,他看事情以大处着眼,小处入手,平时人们看他很平常,他个人也不显山露水,等他成功时,他自然会脱颖而出,一鸣惊人。这时人们才看到他的伟大。而小人呢,鼠目寸光,以自我为中心,私心很重,斤斤于小利,要小聪明伎俩,恨人富贵笑人穷,他做小事可以,接受不了大任。

由此可知,一个人有无真正的智慧和成就,不可以眼前的成败得失来看,也不能以表面的现象来看。真正的大智慧,往往是韬光养晦的,甚至是大智若愚的。

真正能成其大的人,往往不是少年得志;一个人的真聪明,也不是一下子就表现出来的,往往会经历一个相当长的奋斗过程。正如孟子所说:"天将降大任于斯人也,必先苦其心志,劳其筋骨,饿其体肤,空乏其身,行拂乱其所为也,所以动心忍性,增益其所不能。"想成就非凡功业,光有心志不行,还要经受更多考验,才能一步步承担起更大的责任，经受更多磨砺，才能铸成大器。

真正能成就非凡的人，他的眼光和目标是在远方，他奋斗过程中的一切努力都为了这个目标，无论中间有多少曲折、困难和痛苦，他都会把这些看作是自己前进路上的必然经历，是对自己的考验和突破，所以能做到坦然而勇敢地承受。也唯有如此，才能使他超越一般人，最终脱颖而出。所谓"吃得苦中苦，方为人上人"。真正伟大的成功，绝没有那么容易，也不会那么快速，而往往是"苦尽甘来"的结果。正因心中有坚定的信念，有梦想的支撑，所以能顾全大局，不耿耿于眼前得失，能忍受前进路上的艰难险阻，积极进取，迎难而上。如屈原所说："路漫漫其修远兮，吾将上下而求索。"只要心中怀有一份执著，就会永远不泯心中的伟大梦想，一生奋斗不止，充满生活的战斗的快乐。一个人真正的大智慧，也表现在此。

> 南先生说："人生也是这样，当平常在努力时，就是那么可怜，没人了解，等到成功以后，个个都叫好了。看透了人生，只有自己去努力，等到成功了，自然有人赞美，喊伟大。学问也好，事业也好，都是这样。"

所以，一个人真正的智慧，是看他有没有高远之志，是否能经受磨砺，是否自觉加强修养，不断提高自身的意志和品质，最终超越平庸；更要看他心志，是否有一个为更多人的伟大梦想，有一份坚信和执著，有所坚守，不随波逐流，这样，他就能够享受整个奋斗的过程，最终成就非凡的人生。

第三章
笑看花开花落,静中养身修慧

南怀瑾先生说:"人最难的是认识自己,然后征服自己,把自己变过来。"

在纷扰的世间,如何安顿自己,让心灵宁静?如何保持独立和健康的身心,安定怡然地度过一生?解决之道,不在于物质,而在于加强内修。

什么时候,你找到了自己,就活出了自己。心灵得到安顿,在宁静中活出独立和力量。

□谁人知向静中修

南怀瑾先生说:"'凡事都从忙里错,谁人知向静中修?'做人做事要修养到从容逸豫,无为而无所不为。"

这里,说明一个人修养的重要性。无论是做事,还是修养、做人,都需要慎重考虑,专心致志,保持一份定力。在安静中思考,决定,然后决断执行。否则,不经大脑,冒然决定,必定会出错误。

一个人,如果想认清自己,战胜自己,就必须要注意反省自己,如曾子就说:"吾日三省吾身。"只有这样,才能更了解自己的内心,需要什么,怎么去做;才能知道自己的优缺点,从而扬长避短。

而反省,就必须在宁静中进行,排除外在的干扰,排除内心的浮躁不安。在宁静中反省,思考问题,加强对自我意志和品质的磨砺,这是一个人成长必须要下的功夫,也是一个人修养的重要渠道。

我国古代,十分注重个人修养,认为这是一个人安身立命的根本。修养什么呢?就是重新认识自己。修养道德,培养独立而高尚的人格,保持思想和精神的独立,做好自己,然后才可能安身立命,才可能做好事情,建功立业。我们传统文化中的儒、释、道,都注重反省自己,加强修养。

那么,如何反省呢?就是静修。静修的方法主要是在静坐中反省,内视并反观自己,达到物我统一,甚至是物我两忘的境界。儒家以静修达到"明心见性",实际是以此做到更深入地了解自己,清净心灵,恢复本性,"存天理,减人欲"。佛家讲"戒定慧",必须有所戒除，让心灵恢复清静，在清静中达到一种定力，在定力中达到般若智慧。道家呢，以"道法自然"，追求物我两忘，返朴归真，以此达到真我和无我的境界。三者虽然修养的方式有所不同，但静坐中修养自己却是相同的，而且殊途同归，目的都是为修养自己，达到心灵的纯净，超脱物外，让身心在安静中得到安定，并从修养中得到智慧。

这种修养，是在内心摆脱外在的物质牵绊，在安静中重新建立自己的内心世界，从而独立出自己，安顿心灵，在解放自己的同时，又坚定自己，并强化了内在力量。在安静中，让心灵从一种不自由达到一种自由的境界，以一种不变应万变的状态，来面对纷扰的世界，从而达到"无为而无所不为"的最高境界。我国古代的高人隐士，或者知识分子，十分注重这种内在的修养。所谓"运筹帷幄，决胜千里之外"，都是修养和思考的结果。

现代社会，人们的生活节奏太快，压力太大，心灵难以得到片刻的安宁，所以脚步停不下来，心也静不下来，不知道身在何处，心在何方，也不知要向何方去，自己忙忙碌碌究竟是为了什么……物质丰富，但内心荒凉，吃饭不香，睡眠困难，浮躁空虚，寂寞郁闷，迷茫困惑，不知所措，找不到自己，没有安全和归宿感，一颗心浮在空中，流动不定，不知飘向何方……

没有真正的快乐和幸福感，找不到自己的精神家园。为什么会这样呢？都是因为缺乏内在修养，找不到自己所致。不能安静下来，不做内在思考，光是每天匆匆忙碌，当然会人为物役，迷失自己。

时代和社会就是这样，个人无法改变，但我们却能改变自己，**通过加强内修，做独立的自己，守护好自己的精神家园，不迷失自己，以不变应万变，不随波逐流，做一个独立而丰富的自己。**

□劳而不怨，难

子张曰："何谓五美？"子曰："君子惠而不费，劳而不怨……"

子张问孔子："什么为五美德？"孔子说出了劳而无怨，这是其中一个美德。

> 南怀瑾先生说："最难的是劳而不怨。经验告诉我们，任劳易，任怨难。多做一点事，累点没有关系，但做了事还挨骂，这就吃不消了。但做一件事，一做上就要准备挨骂。创业的人，第一个修养就是要能够任怨，但不是手段，要是一种德行才行。"

每个人都想做好事情，担个好名声，取得成功，都希望别人彰扬令名，谁愿意让人埋怨、说不好，甚至挨骂呢？人都是爱自己的，不想承认错误，更何况是做了事情，还遭到埋怨呢？所以，任劳容易，任怨难。南先生说，这比洁身自好还难。

可见，任劳任怨，不仅仅是一个态度，而且是一种品质和修养了，所以，这种品质被孔子特别指出。

任劳任怨既是一种品质，当然需要一定的境界。对于一般人而言，由于"自我"的存在，任劳，总是有所诉求的，付出希望得到回报；如果没有，心中不免患得患失。尤其是做了好事，付出得很多，虽然明白做好事不图回报的道理，明白付出不要求得到的道理，但还是不免要有所期望，否则就会感觉到自己的付出不值得，徒劳无功的事不想做。

但是，世上的事很复杂，虽说"种瓜得瓜，种豆得豆"，但并非付出就一定得回报，也不是你好心一定能办成好事，相反，有时付出越多，责任越多，反而得罪了人，不得好报，反得埋怨。一般人都难以做到释然，总不免发牢骚，或者患得患失，心中郁闷不平，甚至不服不甘。但是没办法，世上没有那么多平等和公平，也没有那么多顺心如愿。很多时候，你必须承受这种劳而无功，或者说，有功而遭埋怨。

如果能够有意识地修养自己，善于调节，给自己平衡，就会感觉没那么难受。**试想，如果自己喜欢做这件事，那么就尽心力去做，不必一定要什么结果，不要期望太高，不对自己和他人有过高的期望，也不苛求自己和他人，最主要是不跟自己较劲，给自己无谓的压力。这样，无论结果怎样，如果你尽了心力，就会问心无愧，也能心安理得；不必计较别人怎么看，也不期望从别人那里得到什么。这样，就能做到任劳，而不怨，或者是少怨。**

当然，这需要相当的修养，有修养才会有境界，有境界才能做到不和他人较真，也不为难自己。

事实上，古今凡是有所成就的人，往往都是做事不求回报，肯付出的人。只有多付出，比别人更多地付出，任劳任怨，才能得到真正的回报，有所作为。大人物们无不如此，他们目光高远，不会斤斤计较于眼前的得失，总是盯着自己的伟大目标，甘于付出，成全别人，也实现自己，以更多地造福别人为乐，所以，他们才创造了超越凡人的伟大成就。

新中国第一任总理周恩来，就是一位任劳任怨、不计个人得失的人。他一生勤恳，全心全意为人民服务，真正做到了"鞠躬尽瘁，死而后已"。

周恩来的一生，是辛勤而忘我工作的一生。他时刻关心着国家和人民的前途和命运，为此呕心沥血，废寝忘食，辛勤工作，日理万机。

从周恩来的工作台历可以看出，他经常连续工作23个小时、26个小时。有一次他竟连续工作了84个小时！这不只是敬业的问题了，而纯粹是任劳任怨，如春蚕吐丝，蜡炬成灰，完全是在奉献啊！

晚年，总理得了癌症，但他仍在忘我地工作。正如邓小平有一次在会见外国记者时所说："周总理是一生勤勤恳恳、任劳任怨工作的人。他一天工作的时间总超过12个小时，有时在16个小时以上，一生如此。"

最难能可贵的是，在晚年，总理得了癌症之后，在他遭受到"四人帮"不公正的待遇，甚至是屡次针对他的打击时，他仍然"处义不回"，顾全大局地辛勤工作，完全是不顾个人安危，一心为国的任劳任怨。晚年时，他胸前一直佩带着一枚"为人民服务"的徽章，他以此自励，时刻记着祖国和人民，他的人生追求和目标就是为人民服务，为此他做多少事情，得到多少误解、抨击和冤枉也在所不惜，义无反顾，力图通过自己的努力，使国家在动乱时期能保持正常的运行和工作，使"文革"给国家和人民造成的损失少一些。为保护大批的党内外干部，他费尽心血，并同林彪、江青反革命集团的阴谋进行了各种形式的斗争。这一切，都体现了一个共和国总理的伟大情怀和高尚境界。正如他对一位去探望他的烈士子女所说："我只有八个字：'鞠躬尽瘁，死而后已。'"

因为过度劳累，年迈的总理终于倒下了，再也没有起来。但他为人民服务任劳任怨的奉献精神万古长青。

可见，真正能够任劳任怨的人，必然是有着相当高的追求和修养，非同凡响的人。如果你不想流于平庸，那么就要加强修养，做到任劳任怨，不计得失，在工作中付出，也以此为乐。

□动心忍性，修养真功夫

> 南怀瑾先生说："你心里所想的，达不到目的，任何事都不成功，在这个时候'动心忍性'，能够忍得下来，平得下来，这就是修养的真功夫了。"

人生不可能一帆风顺，必须得经历无数的风霜雪雨。人必须学会忍耐，耐住寂寞，耐住性子，耐住各种痛苦和忧伤，这样才能日渐走向成就，获得成功。

"忍"字头上一把刀，忍耐是不好受的，但这是为人处世的必须修养。人一旦脱离父母的庇护，走向社会，就不能任性而为，而必须学会与人和谐相处。相处和谐，不是失去个性，不是随波逐流，但也不能任性，一意孤行。否则，就会被周围孤立，立身都难，又怎能成事呢？

要与人和谐相处，就必须要学会忍耐，与人为善，以和为贵，不到万已，不动情绪，不发怒火。世界并不完美，也不由自己的意愿为转移。不平事、委屈事原本很多，倘若遇事不能忍，那每天要生多少气呢？气大伤身，实在不值得。《周书》说："好和不争曰安。"心态平和的人往往不容易被人激怒，也不会因此冲动犯错。王安石说："莫大的祸，起于须臾之不忍。"人是感情动物，内心活动如潮起潮落，瞬息即变，如不善加克制，就可能转祸为福，有时一把怒火而危及自身。尤其是身在高位的人，如果该忍处不忍，后果不堪设想。作为一个真正的政治家，则必须具备三忍："容忍，隐忍，不忍。"

俗话说:"和为贵,忍最高。"一个人的胸怀十分重要。要想成大事,必须有大胸怀。心量大,器量大,才能有大作为。其实想想,大道至广,宇宙浩渺,个人恩怨又算得了什么?就算忍一时之辱,也并不能损失什么。佛家提倡做人以忍为先,甚至要把忍辱当作修行的重要功夫。百丈禅师说:"烦恼,以忍辱为菩提。"菩提就是觉醒,就是清净心。能忍一时之气,心才会清净,不会失去自我,才能有定力,专心致志于自己最该做的事。所以,忍耐又是修养的表现。

从权谋的角度说,如果遇事不能忍耐,动辄冲动行事,"小不忍则乱大谋",事情会因此弄糟。历史上的越王勾践卧薪尝胆,最终光复国家;韩信忍一时胯下之辱,最终成就事业;司马迁忍受宫刑之辱,激愤写就"史家之绝唱,无韵之离骚"的《史记》……古来凡有成就者,无不在忍辱上下过功夫,从而从内心升华出大智慧的。今天的忍辱,是为了明天更大的负重。所以,忍辱负重的功夫还是要有的。

公元234年,诸葛亮率军抵达渭河南岸。此时,司马懿率军渡过渭河,背水筑垒,与诸葛亮相持而战。

诸葛亮准备长期作战,屯田于五丈原。这期间,诸葛亮多次挑战,司马懿死不应战。诸葛亮就给司马懿送来一些妇女的衣服,羞辱司马懿不够男人,其目的是想激怒他,逼他出战。

换做别人,是绝对咽不下这口气的,但司马懿隐忍了,他对形势作了冷静分析:一是蜀国弱小,军力微薄,虽然积累了三年之力伐魏,但蜀道崎岖,距离很远,三十万大军的粮食供给问题不易解决,无法长期应战;二是现实状况对其很不利。诸葛亮六出祁山,士气正强,但在战败后,兵力受损,如果贸然出战,取胜的几率太小了,所以速战速决是蜀国的唯一出路。但魏国则不同,物资雄厚,国大人多,战场离渭水平原很近,补给也很便利,以逸待劳是不错的选择。

这样分析后,他心中有了数,在出师前就与魏主共同制定了以守为攻的作战方略。所以,司马懿强忍激愤,心里愤怒却强作笑颜道:

"孔明视我为妇人啊？"边说边接过衣物，厚待来使，继续坚守，静待抗蜀的最佳时机。

由于长期相持，蜀军的军粮供给不足，军心涣散，而且盟友吴军在与魏军征战中，兵败合肥，结果，蜀军只能无功而退。

司马懿懂得忍耐，不逞匹夫之勇，不为辱骂所怒，不争强，不上当，始终保持清醒头脑，进而避免了"小不忍则乱大谋"的后果，这就是智者隐忍守静的智能。

古人说："克己复礼。"就是说一个人不能任性，必须对自己有所克制，也就是说要能忍耐，在忍耐中让自己提升修养，战胜自己，突破自己，这样才能获得成长。现实很残酷，不以你个人的意志为转移，别人也不会看你的脸色，所以不能任性而为，只能学会适应，按照社会的规则做人做事，能忍耐，安分守己，才能适应环境，然后才可能改变环境。

有一首歌说得好："忍耐好，忍耐好，忍耐二字无价宝。一朝之仇不能忍，斗胜争强祸不少。身家由此破，性命总难保。逞财势，结怨仇，到了后来不得了。让人一步又何妨？量大胸大无烦恼。"

□ 放下，舍得

南怀瑾先生说："我们所有的痛苦，都是因为自己'有我'而来的。如果我们手里拿了一件东西，别人需要时，一定舍不得给别人，因为别人需要时，也正是自己需要的时候。假如在这个时候，你放弃了而给别人，就是快乐的境界。"

因为舍得，得到快乐。世间万物都在一舍一得之间，有舍有得，不"舍"不"得"。"舍得"是不患得失、心有超越的人生态度和智慧。

佛家说："舍，就是得；不舍，哪有得。放下，便得自在。"道教中，舍是无为。儒家说："舍恶以得仁，舍欲以得圣"。而在今人的眼里，舍是付出，是投入，得是收获，是回报。

人生就是不断追求，其意义和乐趣也在正在追求之中，如果一个人百无聊赖，那无异于行尸走肉，生命也了无生趣。所以，我们要积极进取，迎难而上，心中充满人生的战斗的快乐。只有不懈奋斗，只有努力，才能追求得到我们想要的东西，实现自我。所谓"种瓜得瓜，种豆得豆"，没有辛勤的耕耘，更无从有所谓的收获和成功。所以，人生的辛苦努力是必须的，也是我们无从选择的。如果你想活出点样子来，就必须努力，也没人可以代替你。为了达到目的，我们努力追求，坚持不懈，百折不挠，所谓"事在人为"，一定要尽到人事，然后才可能成功。

坚持，执著，不放弃，朝着梦想的方向努力，这是我们从小受的教育，也是一个人生命力的重要体现。在所有成功人士那里，我们也得到教育和启示，也是要"坚持、坚持、永不言弃"，"爱拼才会赢"；在所有自信而尚未经历挫败的人眼里，也是一腔热血追求，满是志在必得，何尝知道什么是"舍得""放下"，又怎么能明白"执著是苦"的道理呢？

其实，我们可能被一些成功人士，或者是励志类的书籍所"欺骗"了——因为成功虽然需要自己的主观努力和坚持，但也许并非关键，而且每个人自有适合他自己的成功之路，不是向别人学习就可以复制来的。而且，成功绝非易事，除了努力，还要有头脑，有机遇，所谓"成事在天"，不是你努力，你志在必得地勇敢向上，就一定可以达到目的，实现抱负的。现实很复杂，而且充满变数，不以自己的主观意志为转移，很多情况下，个人如一颗流沙，只能随波逐流，完全不能自主，所谓身不由己；或者，徒劳无功，白用功，无所获，无所得，这是人生的一种无奈，每个人都会遇到。必须正确认识——既要执著追求，又能举重若轻。就是所谓的"拿得起，放得下"。为了少走弯路，免得徒劳无功，我们的积极追求和坚持不懈，必须建立在对追求目标和个人实力的把握基础之上，否则，就成了眼高手低，勉力为自己没能力为之事，给自己增加无谓的压力，这是自苦、自缚。

当然，由于欲望和不甘，我们很难做到放弃，总是舍不得，放不下，既是作茧自缚，又是庸人自扰。真正能够做到"拿得起，放得下"的人并不多，所以，舍得和放下需要学习；而能做到的，也往往是经历了一番曲折和痛苦后，有切身体会，才真正明白"舍得""放下"的道理的。人的成长和成熟需要一个过程，也只有在这个过程中，我们才能在体会后明白放弃，不执迷自苦的道理。佛家说："执著是苦"，道理也即在此。

生活中，不能放下的事例太多了，尤其对于一直自信和顺利的人来说，往往难以做到，不经历一些挫败，他是不明白这个道理的。例如，奋斗中的好高骛远，空怀一腔热血，如夸父逐日一般徒劳地追求；做事情的追求完美，自己跟自己较真、较劲，给自己压力，不能举重若轻；感情中的愚痴和单相思，失恋后的痛苦纠结，放不下，走不出来，不能解放自己，也不肯放开别人，不明白，不甘心，放不下，以为只要坚持不懈追求，就定能感动对方。其实不然，所谓"多情却被无情恼"，感情的事，更不是投入回报成正比的。但是，当局者迷，其实是自己执迷不悟，所以走不出来，不能轻松，痛苦不堪。

所有无谓的执著，都是一种对生命的浪费，不值得。也许有人会说："人生哪里有那么多直达的智慧，我喜欢，我愿意，只要曾经拥有，就够了。"这未免有些阿Q似的自慰了，因为人生短暂，我们经不起太多的浪费和停留，没有任何事情、任何人，有理由让我们浪费宝贵的生命。所以，何必呢？不如把主要的精力和时间，放到该做的事情上去。

不是所有的追求和坚持都有结果，该半路放弃的就放弃，不论自己有多么不舍，也要断然舍得，放下，只有放下了，你才能解放自己，获得轻松和新生的力量，才能走得更远。

学会舍得、放下，需要在经历和修养中学会，而且，对于人生的荣辱穷通，也要有一份达观的心理，这样就不会钻牛角尖，不会患得患失，不会耿耿于怀，才能做到舍得、放下。

"舍得"、"放下"是一种大智慧。懂得"舍得""放下"的人，才是智者。人生苦短，不如意事十之八九，只有舍得、放下，才能得大自在。

□诸葛亮的《诫子书》

"夫君子之行,静以修身,俭以养德。非淡泊无以明志,非宁静无以致远。夫学须静也,才须学也。非学无以广才,非志无以成学。淫慢则不能励精,险躁则不能治性。年与时驰,意与日去,遂成枯落,多不接世,悲守穷庐,将复何及!"

这是诸葛亮在54岁临终前写给8岁儿子诸葛瞻的一封家书——《诫子书》,为历代人们所提起的修身立志名篇。这也可以看作是诸葛亮对自己一生的总结,付之于对儿子的殷殷教诲与无限期望中,这里再现的不只是一个著名的军事家和思想家,也有一个品格高洁、学识渊博、修养深厚的儒者形象。

> 南怀瑾说:"这一篇《诫子书》,充分体现了诸葛亮儒家思想的修养。所以后人讲养性修身的道理,老实说都没有跳出他的手掌心。他教儿子以'静'来做学问,以'俭'修身。俭,不只是节省用钱,自己的身体、精神也要保养。"

《诫子书》是诸葛亮一生修养的精要再现。这里,既有"静"被作为一个人修养而反复强调,而且还有对时光易逝,要把握当下、精进不止的人生感悟。

人生有限,而追求不止。古往今来,所有杰出人物,都不想虚度光阴，而是尽一生的力量，努力追求，提高并完善自我，实现自己，也造福更多的人。孔子有感于流水东逝，所以"不舍昼夜"，体现出人生有限，追求不止，努力完善自己的顽强生命力。为了追求心中的"道"，不懈努力，修养自己，"朝闻道，夕死可矣"，这样的生命，其实早已超越了界限，也超越了时空，最终成就伟大和不朽。孔子如此，诸葛亮如此。

当然，使他们能够不朽的，不只是成就，更有其高尚品德和深厚修养。事实上，也正因其修养不凡，所以才成就了其非凡成就。所谓德才兼备，真正有大成的人，往往是有大德修养的人。

那么，这些修养主要是什么呢？在《诫子书》中，我们可看到古人所重视的几方面修养：

首先，是宁静。"静以养身""静以致远""非静无以成学"，说明无论是做学问、做事情，还是修身养性，都需要在宁静中进行。做事不静，不能专心致志，就不能钻进去，浮躁冒进，少思少谋，当然于事无成。修身不静，喜、怒、哀、乐、忧、思、恐等各种情绪亢奋，不能心平气和，则精、气、神不集中，影响身心健康。中医认为"心平气和中，则正气存内""恬淡虚无，真气从之"，道理即在此。

修养需静，无静不能致远，只有在清净虚无中，才能感受到内心的呼唤和力量，才能守护好自己的精神家园，在纷扰俗世中，摆脱浮躁，排除外在和内在的干扰，做一个独立的自己。

现代人压力大、节奏快，需要找个时间让自己慢下来、静下来，享受一下安静和孤独的滋味，从中得以提升自己的修养和思想高度。因为只有修养和思想，而且是独特的修养和思想，才会成就一个人独特的气质和魅力，才能够真正活起来，在群体中独立出来。而如何外化呢？不仅要有自己一个排遣压力、可供宣泄的出口，还要善于自遣，善于调节自己，享受一下慢生活，有自己生活方式，有自己的爱好、情趣、格调和品位，善于艺术地生活，做到自得其乐，乐在其中，其乐无穷，有较高的自我平衡之道，调节自己到最佳状态。这样，才真正有利于身心健康。

其次，是淡泊。淡泊是什么？就是追求向上，但又可看透富贵、名利、地位，有一颗平常心，能吃苦也能享受人生，能够达观处世，无论穷通，皆能自守，永不迷失自我，永远守护好自己的精神家园，永不降低自我生活的格调和品位，保持思想和精神的自由和独立，面对纷扰的俗世，有自己的姿态，有自己的风格，不孤芳自赏，也不随波逐流，做相对纯粹的自己。

一个能淡泊的人，就像静看花开花落，能欣赏繁华，也能享受萧条孤寂。诸葛亮在未遇之时，卧居隆中，怡然自乐，淡泊名利，只求真正的知己之遇，当刘备出现，自己得一时机遇，为报知己之遇，他积极入世，最终成就一番不朽功名。而成就功名后，他并没耽耽于享乐，依然是谨慎谦卑，鞠躬尽瘁，死而后已。

人生往往是繁华落尽，才能感到平凡和淡泊的可贵，于是，古往今来，多少高人，功成身退，选择回归平凡，回归自我，返朴归真。

所谓"平常心就是道"，拥有一颗淡泊的平常心，不容易，但只要尽可能摆脱物欲之累，怀一份超脱，跳出来看世界，就自能做到安贫乐道，贫富皆能自守。

淡泊，不是不思进取，安于平凡，而是更加专注地做好自己，安顿好自己的心灵，以不变应万变，对于人生、社会、人与人，有自己的体会和理解。积极进取，力争上游，但保持一颗平常心——因为明白，一切都处在变化中，没有永远，花开会有花落，物极向来必反；繁华易逝，转眼成空，人生短暂，生命中真正重要的不是名利富贵，而是充实、完善自己，不迷失自我，有自己的天地，拥有内心的充实、幸福和快乐。

再次，是戒骄戒躁，保持谦虚谨慎。"谦受益，满招损"的道理都明白，但真正做到的人并不多。人们总是经历了一番碰壁后，才知道谦虚谨慎的重要性，而一个人浮躁不安，内心不静，也终不能专心致志地做事，难有所成。尤其是年轻人，总是意气昂扬，雄姿英发的样子，固然可爱，但往往也会锋芒毕露而受到挫伤。

当下社会，年轻人受西方文化的影响，对于传统的谦虚谨慎，不以为然，面对成绩和夸奖，往往受之应当，沾沾自喜益于言表，这是很危险的。

不仅世情如此，人情皆然。所以，做人不能不通晓人情世故，这是大学问，书本上学不来，只有在社会中，在生活中，在经历中学。

最后，是珍惜时光，不可蹉跎岁月。花开花落，韶华易逝。人生短暂，光阴似箭，所以一定要珍惜。古人说："寸金难买寸光阴。"时光一去不可追。

南先生曾经根据医学知识和个人的体验，得出一个人真正睡着觉最多只有两个钟头，其实都是浪费时间。这个说法得到一些人的反对，说他是胡说八道。实际上，南先生的意思，是提醒人们节约时间，不做无谓的浪费。

对于任何一个有追求的人来说，时间都是他最宝贵的财富。他会惜时如金，在有限的生命中，把时间最大化利用，做自己喜欢做的事情，做得出色，光耀自己，也照亮别人。

这样的人，往往因珍惜时间，创造出更多的机会和成就，从而成就自己的非凡人生，自我价值也超越有限的生命，超越了时空，成就了某种永恒——生命的意义正在于此。

人生有限，让我们在有限的生命中，做无限的事情，把自己的人生意义最大化，完成此生的使命。

□心中无事才安定

南怀瑾先生说:"为人做事应该似'风过竹林,雁过长空','事来则应,过去不留'。"

什么是心中不留事?就是让一切顺其自然,既积极应对,又能豁达处之。做减法生活,越活越简单,越活越有力。让心灵保持一点纯粹,做到无牵无累,平和快乐。

这种状态当然很难。如若不是有所体会经历,或者有相当的修养,一般人难以企及。尽管如此,如果你想活得简单、自我和快乐,就必须要在磨砺中修养自己,修养出一颗心平气和的宁静之心,让一切随缘,顺其自然。

事实上,这样的心态和生活的姿态,是最好的,也是一个人应有的理想状态。一个人只有活出了这种状态,才算是真正活出了自己。

现实生活中,物欲横流,人心浮躁,精神空虚,信仰失落,普遍找不到自己,不知如何安顿自己的心灵,忙忙碌碌,不知要向何方去,不知归宿何方……像个愣头苍蝇,面对纷扰的繁华世界,辨不清自己的方向,只有横冲直撞,管他是头破血流还是冲宵直上。反正,大家不都是这么活着吗?自认平庸的人,也只有这么随波逐流地活着,完全丧失了自己。

面对花花世界,我们抵挡不住各种诱惑,为此不得不参与到竞争的洪流中,匆匆忙忙;面对自己遭遇到的各种事情,总是不能跳出来看,总是患得患失,耿耿于怀,为此纠结不断,痛苦不断,有欢喜,更有无限的忧愁。时下人们经常说的"郁闷""抓狂""纠结"等，都反映出其浮躁不安的心境。

心不能静，心中总有事，为此不能释然，怎么不会感觉到累呢？虽然人活着不可能摆脱累，但选择相对轻松而自我的活法，却是可以自己做主的，自己的人生方向，只有自己来主宰。你选择什么样的活法，也就选择了一种什么样的人生。

我国古人十分讲究修养，不仅是修养道德，修身养性，更有对自我人格的守护，对自我心灵的安顿，旨在做一个完整而独立的自己。无论儒、释、道，都十分注重个人心志的修养，安身立命也好，无为而治也好，修行升天也好，无不追求自我心灵的完善和守护。

那么，人们怎么安顿心灵，守护好自己的精神家园呢？就是坚守自己认定的信仰，或者梦想，有自己的生活方式和做人做事的风格，有自己的操守，保持相对的独立，不随波逐流，面对世间的万千纷扰，能够做到以不变应万变。坚守自己，精神充实，心灵不空虚，不迷失自己，做好自己，然后才能做好事情。

古人为什么能做到？虽然社会环境不同，但关键在于自己，所谓"境由心生"，每个人都是一个小宇宙，如何转动，全在于你自己。古人能做到，就是因为他们善于充实自我精神世界，达到一种自我平衡，在这种平衡中活出纯粹的自己，简单的自己，快乐的自己。所以，才能创造出纯粹而伟大的事业来。所谓"有所不为才能有所为"，人生有限，精力有限，一定要找到适合自己的生活方式，选择性地生活做事，专心致志于自己喜欢做、也有能力做好的事情，做到精进，所以创造出不凡业绩。

而今人呢？心情浮躁，心志不清，思路混乱，摸不着头脑；而且心里装了太多的事情，为此耿耿于怀，纠结不断，剪不断理还乱，怎么能够不烦不累呢？该剔除的，该放弃的，不除不放，欲望和得失心都太盛，所以，烦恼和痛苦不断。

人心不足，欲望无止境，但生命有限，人各有所属，都有适合自己的路要走，不是任性而来的，也不是靠主观努力就一定可达到的。事实上，繁华世界，变幻的霓虹迷人的心眼，又有多少是我们生命中真正需要的呢？没有多少，世界的本质也许从来不曾改变，不同的只是形式，更加丰富、多元、多变了。事实上，我们有限的人生，真正需要的还是那些，如充实、幸福、快乐等，从来没变过。而它们，其实存在于自己的心里，存在于自己的感受中，并不是外在的物质世界所能真正左右的——只是一直以来，是我们自己搞错了，不明白自己真正的需要。也许只有等到经历一番努力得到了所谓的名利地位富贵，才发现原来自己真正需要的也许并不是这些，而是那些自己丢失的最简单的东西、简单的生活方式。

最简单的，往往是最深刻的，也是最本质的。可悲的是，现在，简单离我们越来越远，人类让所谓的丰富和多元华丽的外表"欺骗"了，迷乱了心理，心灵也迷失了。

那么，简单是什么？就是有一颗平常心，让一切顺其自然，如南先生所说："事来则应，无去不留。"能记住的，必然是最深刻的，无论是苦是乐，能铭刻在心的，必然是应该记住的。而那些记不住的呢？就让它们如云烟一缕，随风而去，在心里不留一丝轨迹。如果刻意为之，不仅不自然，最终不会真正为你所有，而且还会成为你的负担，影响你前行。

有人说："痛苦是人生最好的良药。"为此提倡记忆痛苦、苦难，以此自励；有人写下日记，加深记忆，或者作为留念，以激励自己；有人反复絮叨给别人听，在传达的同时，其实恰恰说明了自己的耿耿于怀，不能释然，以此自求一种同情或是安慰。从心理的角度讲，也许不无积极意义，但是，从人生全局来看，从思想的高度来看，全然没有这个刻意为之的必要。

所有刻意的，都是不自然的，都是不会轻松的，其负作用也许更大。就像祥林嫂成天念叨，说给人听她的"毛毛"被狼叼走的事后，开始还有人同情，反复不断则令人生厌了。而她自己呢？得到的那点小安慰，远不如她重复时的痛苦多。

所以，不如顺其自然，不去刻意回忆，该忘却的，忘却更好。

漫漫人生路，苦多乐少。一路走来，我们要善于剔除、放弃，就像猴子掰棒子一样，最好把所有不该要的负累丢掉，这样才能轻松前行。为此，要善于忘却，善于做减法，让心灵清净、安定，只有清静，才能安定，只有安定，才能产生出更多的智慧。

能够记住的，无论喜忧，才是真正值得你记忆的，让生命在自然中进行，活出纯粹、轻松和快乐。

顺其自然不是消极被动，不是不思进取，消泯斗志，而是一种修养，一种达观而智慧的人生态度。

第四章
读书未必真学问

南怀瑾先生说:"普通的说法,读书就是学问,错了。学问不是文学,也不是知识,那么学问从哪里来呢?学问是从人生经验上来,做人做事上去体会的。这个修养不只是在书本上念,随时随地的生活,都是我们的书本,都是我们的教育。"

人们读书可以丰富知识,但不一定学问就高。有人读书成了书呆子,不问世务,只会纸上谈兵;有人读书,让知识阻碍迷了自己的思想,成了"智障";甚至有人读书成功,但人却没做好。

□读书未必真学问

> 南怀瑾说先生:"什么叫'学问'?学问不是文学,文章好是这个人文学好;知识渊博,是这个人的知识渊博;至于学问,哪怕不认识一个字,也可能是学问——做人好,做事对,绝对的好,绝对的对,这就是学问。"

按一般人的观念:读书好,那学问一定好。可南先生也蛮有道理。对于这一解释,南先生说:"这不是个人别出心裁的解释,我们把整个《论语》研究完了,就知道孔子如何讲究做人做事,完成做一个人。"

的确,生活中确实有不少书呆子,不通人情世故,不经世务,书读得很好,但生活很糟糕。这些人,其实并不真正理解古人的"两耳不闻窗外事,一心只读圣贤书"的真意。古人讲这个是说读书要专心致志,并不是不经世务,目的恰恰是学以致用,读书为经世致用。至少是安身立命,修养心性,做到"独善其身",而不是为读书而读书。

还有一类人,书读得不少,可谓学富五车,但本本主义,头脑不灵活,因知识迷了智慧,成了"智障"。书本在他那里成了教条,成了他生活的全部指导;知识塞满了他的头脑,书越读越厚,自己成了书袋子,成了图书馆,但就是不能学以致用,结果做人做事都不能成功。这就有些悲哀了,读书原本为了增长知识和智慧,为了更好地修身立命,结果却舍本逐末,失去了自我,智慧却少了。他的所谓知识，又有什么用呢？

战国时的赵括，只知纸上谈兵，讲起兵法来口若悬河，但实战起来却损兵折将，大败而回。这是一个死读书的很大的教训！鲁迅小说中的孔乙己，自己生活得一塌糊涂，却动辄"之乎者也""君子固穷"之类的陈词滥调，显示了读书人不切实际的迂腐和自欺欺人。

当下，也到处可见"掉书袋子"的所谓学者专家，动辄来一套让大家不明就里的所谓理论，以专家自居，岂不知，他个人也难说清那是什么理论，又有什么用处；或者有些专家的文章到处引经据典，密密麻麻，通篇读来，知识点堆砌，事例信手拈来，让人眼花缭乱，可就是看不到他自己的思想和观点，也看不出他自己的语言风格，都是"拿来"的。卖弄所谓的"学问"，都是些别人的知识。这样的文章，又有什么用呢？说不客气点，就是一垃圾桶。

我们看到，孔子所讲的学问，不是知识，他再三强调学问是做人做事。他对子贡说："你以为我的学问，是从多方面的学习而记闻来的吗？"（即后世所说的"博闻强记"）子贡说："对呀，我以为你是这样来的，难道我们的看法错了？"孔子说："我的学问是得到一个东西，懂了以后，一通百通。"

老子说："为学日益，为道日损，损之又损，以至于无为。"什么是"为学"？普通的知识，一天一天累积增加起来就是学。什么是"为道"？就是损，要丢掉，到最后连"丢掉"都要丢掉；到了空灵自在的境界，这还不够，连空灵自在都要丢掉。最后到"无"，真正人的本源就自然发现了。

对于知识分子，曾子这样定位说："士不可以不弘毅，任重而道远。仁以为己任，不亦重乎！死而后已，不亦远乎！"

曾子这里所讲的士，是对读书人和知识分子的通称，他是说一个读书人有自己的读书风格。要胸襟大、气度大、眼光大；要看得准、拿得稳，对事情处理有见解；而且死而后已，有忧患意识。

可见，古人对于学问和知识分子的界定是做人做事，而绝非书本知识。

读书为了什么？当然为了增长学问和智慧，为了安身立命，让自己过得更好。绝不是为了读书而读书。

我国历来是一个重视读书的国家。在古代，由于长期的科举制度，读书更成为人们"跳龙门"，得以晋身的唯一途径。所谓"万般皆下品，唯有读书高"。"书中自有黄金屋，书中自有颜如玉"，只要读书好、文章好，那么你的未来一片光明。这是当时的环境决定的。

但是，我们注意到：古人之读书，目的也为经世致用，为修身、齐家、治国、平天下，或者为修养道德，增长智慧。而且他们十分强调学以致用，强调修身。一个人从幼年时代的蒙学开始，就要注重正心、修养道德仁义礼致信等品质，否则无可立身处世，更不要提治国平天下。《三字经》《千字文》《百家姓》以及长大要读的《大学》《中庸》《论语》《易经》《诗经》等"四书五经"，无不注重修养的功夫，告诉读者一定要学思结合，学以致用，修身齐家，做好一个人，然后才能安身立命，建功立业。

孔子说："学而不思则罔，思而不学则殆。"就是说人要学思结合，光学习没思考不行，光思考不学习也不行。又说"学而时习之""不耻下问"等，强调读书学习的方法，绝不是让人死记硬背，或者只记知识点，自己当书袋子。

这就是说，读书学习，必须与个人修养结合在一起，而且注重体验生活，学思结合，学以致用。所谓"读万卷书，行万里路"，也是强调消化书本知识，增长智慧，必须结合生活体验，这样才能真正消化知识，转变为自己的思想，增长修养和智慧。

从另外一方面，我们也该明白：**学问，不只在书本中，更主要是在生活中，在个人的体验和自觉修养中，在做人做事中**。孔子重视学习，更重视做人，他一生学习不止，奔波不止，诲人不倦，修身育人，弟子三千，七十二贤，成万世之表；他从古典中学习，"述而不作"，却总结性创造了儒家学说——这个中国最大的学问！千秋功业，影响深远。孔子的学问高不高？真是前无古人，后无来者，无人可望其项背。

南怀瑾先生说："孔子说'观过而知仁'，我们看到人家犯了错，自己便反省，自己不要犯这个错，这就是学问。另外，自己要有体验，随时随地要有反省，这就是学问。不是我们今天来读四书，就叫做学问，不念四书就不叫做学问，这不是它的本意。"南先生告诉我们做学问不能穿凿的道理。他自己就是这么做的。南怀瑾先生一生研究传统文化，研究诸子百家，贯通儒、释、道各家经典，他爱读书，一生读书，但从不死读书，边读书边行走，读书破万卷，足迹遍世界。他自己读书，教别人读书，育人无数，弟子满天下。他开书院，弘扬国学文化，他创造性地阅读经典，汲取精华，结合当下，创造性地诠释经典，赋予其时代的意义，产生巨大的社会影响，也成就了自己"国家大师"的美誉。不论他个人承认与否，这是世人给他的评价。南怀瑾先生有没有学问？你听他演讲，深入浅出，绝对不掉书袋子，句句珠玑，给人启迪。那不是知识，那是智慧啊！他用自己传奇的经历和智慧，为当下的人们树立了一个新时代读书人的成功典范。

古人学习重道德修身，重兴趣品位。而时下读书太功利，而且急功近利，以学习赚钱的技术为准，学以致用原本没错，但可惜书本知识很多不得用，造成学生个人没思想、人文修养不够、道德水准下降、生活能力普遍较差。教育原本是寓教于乐的一件开心事，旨在让学生先做成一个人，然后才是知识技术。但现在的教育，把读书弄成了上大学，从小到大，学习对学生成了负担。读书成了硬性规定的事情，与生活完全脱离。这实在是教育的悲哀。

可以这么说，真正成就学问的，是读书学知识，生活得体验，修养成智慧，把学习、工作、生活、处世等几方面结合起来，学思结合，学以致用，总结正反两方面的经验和教训，加强内省，注重修养，先做好一个人，才能真正有学问。

□学问的目的是做人

> 南怀瑾先生说:"学问的目的,不是文学了,不是知识,是做人做事。"

南先生在解释子夏的话:"贤贤易色,事父母能竭其力,事君能致其身,与朋友交言而有信,虽曰未学,吾必谓之学矣。"对于这几句话,南先生用白话翻译说:"看到好的人能肃然起敬,在家能竭心尽力地爱家庭、爱父母。在社会上做事,对人、对国家,放弃自我的私心,所谓许身以国。"

最后的诠释是最上面的话,即学问旨在做人做事,不是知识和文学。

在这里,南先生从书里看到了古人学问之外的东西,即做人。读书的目的,也不是知识或者写文章,而是做好一个人。只有做好了人,才能做好事。南先生是得了古人强调的其中的真味的。

> 南怀瑾先生说:"学问之道在自己的做人的根本上,人生的建立,内心的修养。"

所谓"君子务本",什么是本呢?就是做人的孝悌,是道德仁义之心,而这些绝不是教条,是完全可以具体化,生活化,可以付诸于行动的理念。

对于孝悌的培养,南先生说,就是"培养人性光辉的爱,'至爱''至情'的这一面"。为人有爱心，有真性情，不失本性。既守礼守法，更讲道德、良心，做到有情有义。这份情，首先表现在家里，知亲情，尽人子之礼。

所谓："孝悌也者，其为人之本与。"孔子认为这是为人之根本。我国古代，十分强调"孝悌"观念，认为这是"人之大伦"。"孝"，就是事亲以孝；"悌"，就是兄弟间要友好相处，敬爱顺从兄长。孝悌观念，是中国传统社会维护家庭友爱和谐，延续家族文化的重要规范，是对一个人最起码的品质要求，而且这项要求十分严格，上升为法律。一个人事亲以孝，就是最大的品质，我国汉代甚至"以孝治国"，专门辟出一"孝廉"之官职，把"孝亲"作为晋升做官的资本。传统社会中的"三年守孝"，也可见对"孝"的重视。现代社会，孝悌观念淡泊，长幼尊卑不分，讲平等人权个性，家庭问题频发，家族文化早已断绝，当然社会文化也会受到影响。这个在后面另辟篇章。

所谓"慎终追远"，古人在追思往者时，自会遥想未来，考虑生死和人生问题，自然思考要做一个什么样的人。所谓"本立而道生"，一个人明确了自己做人的根本和人生观，就会自觉地修养自己，修养并体会到真正的"道"。这里的道，既有天道，即自然法则，又有人道，即人与人之间的社会关系，明白上下、尊卑、长幼之序，明白朋友之信义，从而遵守以礼，规范自己的言行。所谓修身、齐家、治国、平天下，四者前后有序，相互联系的。

一个人在事亲以孝，在外必是道德仁义行之，事君以忠，朋友于义，所谓孝子、忠臣、义士。为人守法守礼，有德有仁，有情有义，不失本性。这时候，作为一个人，他就算立起来了。

爱家爱国爱朋友，亲情友情爱国之情，往往是连在一起的。孔子说："为了孝悌，而好犯上者，鲜矣。"是说一个孝子，往往知尊守礼，很少犯上作乱的。又说"君君、臣臣、父父、子子"，就是君臣关系，上下不乱；父子关系，尊卑不乱，长幼有序，各守其位，各尽其职。君主有君主的样儿，臣子守臣子的本分；父亲有父亲的样儿，儿子有儿子的义务。君主和长辈有尊严，臣下有谦卑服从，这样才纲常不乱，社会有序，礼教治国，天下太平。

今天看来，这样的一套家国礼制也不失其道理。毕竟不能完全平等，也不可能真正实现，只有上下有序，等级有列，才能实现国家的治理，社会的安定。人并非生而平等，也应该各有其份，各有其所归。

所谓"道、德、仁、义、礼"，它们紧紧相连，内修于道，外化于礼。有道之人，往往会品德高尚，仁道惠人，信义处朋友，待人以礼。一个有根祖意识和家国情怀的人，往往会充满大爱大德，为人处世必是仁德广施，交人交于信义，广结善缘，这样的人当然能成大事。因为他首先完成了自己，做好了一个人。

古人重视个人的修养和建设，所以出现了无数圣贤达人、仁人志士，或者是高僧大德。在急功近利的时代，人们普遍不屑于谈做人的虚空道理，匆匆行走在纷纷攘攘的名利场中，连静下来想一想的时间都没有。所以，我们看到，兄弟为一套房子打杀成仇；孩子上班了还在"啃老"；夫妻各觅幸福争相出轨……而一些并没多少文化的人，却不失人性淳朴，诚实有信，善良仁德，有情有义，有孝有忠。

可见，学历高不代表做人好、水平高，有学问不代表有品位、有格调。

做人的道理，才是最大的学问，很多是书本不能教给我们的，更多的是在生活中，在自己的修养中，在用心的思考和领悟中。

□学问深时意气平

南怀瑾先生说:"一个真正的大圣人,绝不会自己当教主,绝不会把自己的言行、态度,做成教主一样,那就不足以成为一个圣人。'学问深时意气平',自己真到了那一步学问修养的时候,就觉得自己非常平淡,没有什么了不起。"

的确如此,一个真正有学问的人,外表看上去心平气和、为人谦卑、待人和善,绝不会盛气凌人、锋芒毕露、恃才傲物、卖弄学问的。他虚怀若谷、大智若愚、不卑不亢、谦卑低调,从不自以为是,却有一种独特的魅力,在群体中形成一种权威。所有的圣贤君子和高僧大德,无不如此。

你看孔子,学问高不高?他无论是做学问,还是做人,是万世之表,但他还是虚心学习,自觉修养自己。他求学"不耻下问",只要有学问、有道,他不论对方地位高低,不分尊卑,都会虚心求教。他已经是"桃李满天下",门下有三千弟子,七十二贤人,但孔子从不把自己当成高高在上的老师,而是经常与弟子们一同学习,一同出行,一同领受真学问。那么多的学问,但孔子看上去总是给人以"温而不厉,威而不猛,恭而安"的印象,他本人身材高大,文武双全,高大挺拔,气质儒雅,风度翩翩,不必做什么威风之态,自有一种庄严沉稳又谦和安祥的气质。这样的人,怎能不叫人尊敬呢!

越是有学问的人,越谦虚。他有知识,有修养,有真学问,反而

"愈学愈感到自己的无知",书本越读越薄,越学心境越空。他知天文地理,法天效地,上解天道,下解人情。他查古阅今,阅尽人生百态,体会各种滋味,几乎可以说,他已经看透生死和人生,看透名利地位,甚至人性人情,当然万事于他,觉得很平常,很平淡,都能装进他的学问里,他都能理解,也能应对。所以,他能做到顺应天道,顺时而为,乐天知命,安分守己,宁静淡泊,怀一颗平常心,知足常乐,自得其乐。这样的人,最有自知之明,当然不会自以为是,为人处世反而更加谦卑,看上去永远平和,不卑不亢,是真正的"谦谦君子"风范。这样的人,古今不多,非有大学问,大修养的人不行。

当然,做到这样很难,需要一生的学习和修养,才能做到真有学问,做到真正的透彻古今,洞察万物,不卑不亢。现实中,最难做到谦虚的人,是那些有点才华的人。所谓"一瓶子不满,半瓶子咣当",由于骄傲又幼稚,总是自以为是,看不到别人的优点,以为"老子天下第一"。他们最易犯的毛病是恃才傲物,锋芒毕露,做人做事不知谦卑,不守礼敬,不懂韬晦,不善自保,结果往往引来别人的妒恨和陷害,"枪打出头鸟",自己还不知道败在哪里。或者在不得遇时,就感到自己怀才不遇,满腹牢骚,怨天尤人,不知"潜据抱道,以待其时",消极敌对,动辄与人结怨,自招其祸。古今多少才人,都因骄傲自取败亡。为什么失败?说到底还是因为学问修养不够,核心竞争力不强。纵使有些才华,也很有局限,或者是偏才,光有才华,不解人情世故不行,没有修养不行,不会顺势而为不行。

尤其是刚刚涉世的年轻人,怀抱理想,书生意气,傲气冲天,睥睨万物,不谙世事,不知深浅,最容易犯锋芒毕露和怨天尤人的毛病。只有当他真正在社会上因此碰了壁,吃了亏以后,才能明白知识和真学问的不同,做人与修养的重要;才真正看到"山外有山,楼外有楼",感觉到自己的那点才华的微不足道,从此学会谦卑为人,虚心守礼,脚踏实地,安分守己。体会到此,有所改善,自觉修养,才能获得精进,这时,他的真学问才能获得丰富和充实,自己才真正开始成长、成熟起来。

这个过程，躲不过，也没捷径，没人可代替，只有自己体会，所以，**成长是要付出代价的**。我们唯一能做的，是平时就"**谦虚谨慎，戒骄戒躁**"，增长学问，多些智慧和悟性，力争少走些弯路。

宇宙这么大，个人这么小，有什么资本骄傲呢？生命有涯，知识无涯，学问无限，大道无边，你有什么资本骄傲呢？所以，真正有学问的人，心里是存有深深的敬畏的。所谓"君子有三畏：畏天命、畏大人、畏圣人之言"，心中有敬畏，才会自觉修身，而修养，是最大的学问。

肚子里有真学问的人，不仅是虚怀若谷，意气平和，也往往是深藏不露，大智若愚的，不到时机，绝不会轻易显山露水的。"道"于他们，就是一个宝，怎么可能轻易出手呢？所以，红楼梦里的跛足道人，疯狂和尚，活佛济公，等等，看上去可没那么赏心悦目，但他们是高人。佛典里到处有佛菩萨，百变其身，以度化迷智的俗人。真正有道之人，绝不是看上去的滔滔不绝，出口成章，而是三缄其口，沉默是金，所谓"大道无言，大音希声"，道理即在此。这也告诉我们不可以外表看人高低。而事实上，他们的真面目，都是意气平和，从容又谦卑的。

我们一般人，由于目光短浅，不能突破自我局限，所以常常犯自以为是、好为人师的毛病。南怀瑾说："自以为聪明的人，都喜欢玩弄自己的聪明，所以聪明反被聪明误。"大师告诉我们：无论什么时候，都不要认为自己很高明，不要自以为是。这还是学问不到家所致。南先生又说："没有学问，没有修养的人，想法都一样，觉得自己都对，错的都是别人。"这就是以自我为中心，不知人各有角度，各有经历，各有体会，观点自然不同；而观点也没有绝对的对与错，只有合宜与否，是否与客观相符。因为一切都处在变化中，一切都没有一定的道理。

总是以自我为中心，小视、压低别人，或者苛求别人，不做换位思考，不善解人意，没有兼收并蓄的胸怀，不善于吸取吸收别人的观点，那么，这种人是愚蠢的，是鼠目寸光。

自以为了得、故弄玄虚、想得到威望的人，尤其是有些领导，高高在上，一心想得到尊敬，但自己言行不到位，学问不到家，软硬兼施，强要人尊敬，这样反而更得不到尊重。因为尊重不是要来的，也不是强权来的，而是自己平时在自自然然中做出来的。

人的一生，就是不断学习、修养自己，完善自己的过程，而真学问就在此中。一个人，只要谦虚上进，自觉修养自己，就能不断获得真知，增长学问；学问深了，自然气质不凡，实现真正有收获、有尊严的人生。

□一以贯之，一通百通

> 南怀瑾先生说："孔子就说自己的学问不是靠知识来的。这就是说，不要以为我的学问是'益'，一点点累积起来的知识，而是找到了这个'一'，豁然贯通，什么都懂了。的的确确有'一'这么个东西……由学问中再超脱、升华，就可以达到'本源自性'的地步了。"

子曰："赐也，汝以予为多学而识之者与？"对曰："然，非与？"曰："非也！予一以贯之。"

孔子问学生子贡："你以为我的学问，是从多方面学习，通过闻记而来的吗？"子贡说："对呀，难道不是吗？"**孔子说："不是的。我的学问是懂得一个东西后，一通百通。"**

这里的"识"，是"志"，也是"记"的意思，"记事""记得"的意思，即获得知识。孔子的意思，自己的学问不是知识，不是文学、哲学、科学之类的知识，而是人生的经验和体悟，是做人做事的道理。

知识固然是好的，它是人类文明的结晶，知识越渊博，当然知道的越多。我们常把"博闻强记""引经据典"等夸赞一个人知识丰富。但是，知识丰富不代表就一定有学问，也不能说他就是知识分子。有人知识丰富，博闻强记，但可能只是一个书呆子，生活和做人的道理一概不通，几乎不能料理自己的生活；有人学富五车，但只是一个书袋子，不会灵活运用，不能融会贯通，只是纸上谈兵。这样的人，他们所掌握的都不能算是真学问，他们也不能算是真正的知识分子。

真正的学问，是书越看越薄，越学越空，越学越觉得自己的无知，是能把各种知识融会贯通，"一"通百通，至道"无为"。 孔子这么认为。而老子也有相似观点。他说："为学日益，为道日损，损之又损，以至于无为。"这就是说，学问应该是越学越少，日益损耗，直至空灵虚无的境界。这个境界是什么？不就是孔子所说的"一"通百通吗？他说得更绝，不仅是越学越少，甚至是直到"无"？"无"是什么状态？按老子的观点，应该就是"道"的状态了。一个人学问到"无"，即得"道"，不仅是知识的掌握，最主要是知识中蕴含的思想和道理的掌握，对自然天道、人道，对做人做事的规律的掌握，更有对人自身本性的回归，即"本源自性"，找到自己，恢复本真。知识到这地步，学问到此，才算是学到家了。

听起来似乎有些玄虚，对于孔子所说的"一"，老子所说的"无"，南怀瑾先生是认同的，他认为："的的确确有'一'这么个东西。"南先生熟读经史子集，贯通儒、释、道等百家学说，他自身传奇的生活、深厚的学养，使他离古代的圣贤们越来越近，此话当然产生于共鸣。

就我们自己的体验来看，世间万物虽各有其形态，知识虽各有其所属，但个性和共性相生，事物间存在着相互的联系，这是客观存在的。我们常说，事物是变化的，变化是永远的，各有其发展规律，我们只要掌握了规律，就抓住了其实质。但因事物间是相互联系的，有着对立统一性，阴阳相生，正反相连，生死相接，等等，这样，事物间的规律也自有联系。这个联系，应该说就是"一"，也是"无"，只要掌握了这个联系，知识当然会越读越少，也就获得了"道"，达到一通百通，"无"中生有，无为而治。这个道，不仅上接天文，下接地理，中通人事，更有人生的生死问题，真正的学问正是这个。

真学问，当然不是死记硬背来的。读书当然需要得法，应该根据自己的兴趣，有品味地读。如陶渊明所说的"读书不求甚解"，这不失为一种好方法。不求甚解，当然不是死记硬背，而是选择真正适合自己的书，按自己的品味和兴趣，有选择地读，而且不是记其中的知识，也不以借鉴先进事例为主，而是吸收其中的思想。当然这还不算是自己的。如果再留意生活，结合自己的生活体会，书中得到的观点和思想，自然会因体验不同、角度不同而发生变化，最后成为自己的独有思想了。所以，这样子读书、读思想，不就是把书读薄了吗？思想都相通了，当然就一通百通了！

所以，学问不能光从书本上来，必须要结合生活体验和自身的修养。古人说："读万卷书，行万里路。"道理在此。另外，还要一条，就是向他人学习，尤其要交君子，交良师益友。所以，南怀瑾先生说："必须加一句'交万个友'，还要交一万个朋友，各色人等都接触了，这样，学问就差不多了。"

所谓"世事洞明皆学问，人情练达即文章。"道理就在此。一个人，必须都掌握了，才有资格谈学问。所以，南怀瑾先生说："学问是拿人生修养来体验，随时随地来学习，才能达到'知命'而'自立'的境界。"

真正的知识分子，正是有这些学问的人。曾子曰："士不可以不弘毅，任重而道远。仁以为己任，不亦重乎！死而后已，不亦远乎！"就是说，**知识分子不仅要掌握知识，更要做人胸怀宽广，有气度，有远见卓识，做事有决断。他有广博的仁爱之心，以关怀天下为己任，怀有一份神圣的使命感，以批判的眼光看世界，对未来心怀忧患意识，为此倾尽一生的心力。**

我们现在常说，真正的知识分子，是生于忧患的，他们怀有一份家国意识，其价值体现在关注整个国家，甚至是人类的幸福和前途，为人类创造精神产品，古来有追求的知识分子，都以此为人生的使命。所以，他们总是站在时代的前沿，或是人生的边上，让自己处在一个旁观者的角度，以批判的眼光审时度势，观察人情世态。他们的人生，是"先天下之忧而忧，后天下之乐而乐。"不会以个人的私利为旨归的。对于自己人生的把握，则是"达则兼济天下，穷则独善其身"，如果不能立功业，那么至少是立言、立德，追求人生的不朽价值，这是自古以来知识分子的自我要求，也是一种理想追求。

今天，许多所谓的知识分子，面对经济和物质的种种诱惑，不能安守其本分，在困惑和浮躁中，自己的气节不保，降格以求，专业不精，学问不立，人生轨道发生偏离。古人的"君子固穷"，现今被知识分子视为屈辱，没本事；而"君子生财有道"，也视为不必要的清高。人生在世，享乐最现实，哪里有什么忧患，不必有什么使命感，名利最当前。书斋坐不住了，寂寞清贫真难耐。于是，在这个明星最赚钱的时代，学者们也追求明星化……

我国历来是一个尊重"士"，即知识分子的国家。古代"士"的地位，远远高于商人，往往为当权者所重视。可见现在体面和尊严不再了。不要说做到孔子的一通百通，就是一通，恐怕也成为难事了。

我们平常人，虽不能做到圣人的一通百通，至道无为，也可能拥有不了真正知识分子的高尚情怀，但至少可以明白什么是真学问，书怎么读，学问怎么来。把学习、工作和生活三者有机结合起来，互相促进，尽力做一个有学问值得别人尊重的人。

第五章
事业立世，奉献为大

南怀瑾先生说："大家要清楚，找个工作，赚钱吃饭，或打个知名度，那不叫事业。事业是永远的……所以有志气的人，要想建大功、立大业，就要讲事业。这个事业一定要对天下国家有所贡献。"

器有大小，事业也有大小。你的才气有多少？事业理想在哪里？每个人必须有自己事业方向，让它与自己的人生理想相连。

成功是每个人的追求，但能够成就伟业的毕竟是少数。能够做自己喜欢的事情，尽职尽责，做到最好，同样是一种成功。

□ 职业未必是事业

> 南怀瑾先生说:"大家要弄清楚,找个工作赚钱吃饭,或打个知名度,那不叫事业。事业是永远的……举措之间使国家社会安定了,这就叫事业。但得流传不在多,真正有流传的价值,这就是事业的定义。"

在这里,南先生所说的事业,是真正的立大功、建大业,即真正的事业,一定要对天下国家有所贡献。

南先生说人生有两种事业,一种是"不是现身的事业",这种事业活着时有名,死后没过多久,就被人淡忘了。另一种是为人类做出贡献的事业,其大名永远留在人们心中,如释加牟尼、孔子、老子、耶稣等。

《系传》里说:"举而措诸天下之民,谓之事业。"就是说,因为你的所作所为,在举措之间,能使国家社会都安定下来了,这才算事业。这是我们中国人对事业的定义。

可见,好的事业,是有流传价值的,其对社会和人类的影响起码是五十年,一百年,乃至千秋万代。所以,对于真正的事业,是功在当代,利在千秋。

古人说:"但得流传不在多。"能够真正留下来的,它的价值是质量,不是数量。比如诸葛亮,帮刘备三分天下,自成一国,其功业青史留名,不可磨灭。他留世的文章只有两篇,前、后《出师表》,却为人们熟知,只需要这么两篇,就足以说明他的地位了。

我们经常说到事业心,这个事业心,其实就是追求一种超越了功利色彩的价值和意义。虽然,成就这个事业,往往要通过一定的职业来完成,但对于有坚定事业心的人,职业对他没有束缚,是否做某个职业也不重要,重要的是他一生在坚持着自己的事业心,为实现它坚持一生的努力。其修漫漫,上下求索,九死不悔,自赋一个人生使命,并努力完成它。

　　对一个真正有事业心的人来说,职业本身并不重要,重要的是,他的职业是否是自己喜欢的,是否能推动自己的事业;职业本身的成就对他也不重要,重要的是是否实现了自己,自己的意志是否得到了某种满足,是不是最大限度地满足了更多人的利益。他真诚地做人做事,心怀一颗强烈的使命感和责任意识,在这种精神动力下,自己做的事情成为最重要的,事情的结果并不重要,自己的名利及地位所得也都在其次了。他不患得患失,他的乐趣和目的,只在追求事业的过程中,并不耿耿于结果。尤其是千秋功业的事业,既要入世,又有出世的超脱。这才是正直的事业心。

　　事业心不光是圣贤有,其实每个人都有,只是程度不同而已。人生来都如赤子一般纯净可爱,虽然天资不同,但重要的是后来的成长和经历,让人产生了差距,人品有了高下之分。圣贤的重要特点,就是尊重自己的天性,顺道而行,追求高尚的道德,顺势而行,谋事而动,成就不世功业。如果不能功成名就,至少要追求立德或立言。这是古人的追求,即人生三不朽:立功、立德、立言。

　　对于现代人来说,不要说有圣贤之追求的人,寥寥无几,就是有道德追求的人,有真正事业追求的人,也成为稀有之物。世风不古,人心思欲,急功近利,走的都是物质至上路线,追求的是享乐人生,及时行乐。信仰失落,心无着落,道德追求遭到前所未有的质疑。有谁会为了所谓的千秋功业之虚名而辛苦地追求一生呢?自认超越不了古人,于是苟且而活,得过且过,一切以自己的私欲满足为目的。

　　什么"三不朽",关我什么事呢?太虚幻不实际了。这正是今人与古人的区别。古代君子的追求，以道德至上，今天的一些知识分子的追求，以到处游走，追名逐利为上。当然，这是社会环境决定的，个人难以改变，只能随波逐流。

　　但是，不能说现在没有圣贤追求的人，也许真正的高人就在民间，我们看不到，只是因为时候不到。对于一个真正有事业心的人来说，他与古之圣贤和君子一样，以道德追求为上，在社会环境不利时，他选择"潜心抱道，以待其时"，不会改变志节而动摇，不会随波逐流。依然是追求"达则兼济天下，穷则独善其身"。他相信，只要坚持，总有属于自己的时代。无论他自己做了多少，无论生前光荣，还是身后留名，他不去问，只是孜孜以求，问心无愧，无悔此生。重要的是，他做了自己想做的事业，按照自己的意愿活了，也活出了自己，于己于人都做到了负责任。世上的万千人生，是什么品质，是什么质量，其事业有无流传价值，时间和历史自有定评。

　　南怀瑾先生说："为了国家民族，有'或从王事，无成有终'的精神。革命不一定自己要看到成功，成功不必在我。"真正的君子，应该是这样的追求，这样的心态。

　　虽然，事业不是职业，但事业需要职业来推动，来完成。对于我们大多数人来说，成就圣贤事业，做到自己的事业有流传价值毕竟是个遥远的梦。很多人做自己喜欢的事，已经很难，更何况是实现自我意志呢？很多人做的职业，就是为了一个简单的吃饭和生存。但我们还是应该把职业与事业心相连，如果不是自己喜欢的事业，至少也要从中找到意义，认真工作，认真生活，让人生活得有质量。这是我们普通人努力的方向。

　　即使我们的职业只是为了吃饭，为了生存，我们也要活出自己的价值。而生存，是最重要的。如何生存？就是一个最大的道理。生存的质量，会有不同，区别就在于一个人生的态度，对职业的态度，是否有一颗事业心，是否在意生活的品质。

　　一个想活出生活品质的人，一个有事业心的人，即使做不到功成名就，也会自觉地为自己的事业努力，把自己的职业与事业理想相连，找到结合点，增强工作的动力和乐趣，这样，才可能做得快乐，获得成功。也许他怀才不遇，但只要坚持做自己喜欢的事，也终会有所成。

关于事业的成功，有人在现世就功成名就，有人则是身后留名，不见得生前已很得意，也不是有权有位有势就是成功。孔子生前并不那么顺利，但死后五百年，其光辉才日益显现。宋朝的三个大儒：朱熹、程颐、程颢，官做得并不大，但他们在学说上留名万古，永远有地位。

对于我们普通人而言，也许做不到功成名就，更不要说身后留名。但至少要怀抱一颗事业心，做到尽职尽责地工作，做好职业规划，做自己喜欢的事情，把工作当成事业来做，这样，既容易出成绩，也会活得开心一些。这同样是一种成功。

有必要提出，真正的事业，并不以眼前的名利为标准，正如南先生所说："人若有房子，有钞票，不见得是成功。"贫穷当然不舒服，但并不丢人，因为有人"安贫乐道"，不以利益为重，更不取不义之财。真正的成功，是实现自己，又能造福于大众，绝不是一己之所有所得。

□ 英雄本色，名士风流

> 南怀瑾先生说："南北朝之前的中国历史，有很多关于英雄和名士的记载，这些人都是真正的大英雄、大豪杰、真名士，他们肝胆侠义、风流倜傥，一般都是性情中人。"

凡是有非凡成就的人，他们的心胸和气度不凡，而且是赤子真诚，为性情中人。

所谓"唯大丈夫能本色，是真名士自风流"。真正的英雄未必不流泪，真正的名士不必矫情，自风流。

比如刘邦和项羽，都是当时盖世英雄，他们的表现好有一比。

年少时，两人在路边见到秦始皇带队出巡，大队人马，浩浩荡荡，秦始皇头顶华盖，男女随从无数，真是羡煞了旁观的刘邦和项羽。刘邦说："嗟呼！大丈夫当如是也！"项羽则豪气干云霄，意气昂扬地说："彼可取而代之！"

两人的大志向和气度，都可见一斑。

刘邦做了皇帝后，荣归故里，见到熟悉的父老乡亲以及当时的玩伴，不禁感慨万千，对酒当歌，豪情万丈："大风起兮云飞扬，威加海内兮归故乡，安得猛士兮守四方！"当时竟情动于中，潸然泪下。

刘邦本人并无多少文化，但却唱出了卓绝千古的《大风歌》。

这首诗为什么千古流传？就是因为诗中磅礴的气度，至情至性的大丈夫情怀。这里既有英雄得志的豪迈气度，又体现出刘邦是一个性情中人。他出身平民，立志晋身，改变命运，当经过一番辛苦拼搏后，终于成为至尊无上的皇帝。面对自己的父老乡亲，他触景生情，百感交集，唱出了完全是他自己写照的《大风歌》，这是一个真英雄，也是一个大丈夫。

再看项羽，他更是英雄盖世、霸气冲天。他破釜沉舟，南征北战，自立"西楚霸王"。虽然最终被刘邦所败，但依然不改英雄气象。当他被韩信追至垓下，四面楚歌，被包围无救时，项羽并没有丝毫的胆怯，而是悲情豪壮地唱道："力拔山兮气盖世，时不利兮骓不逝。骓不逝兮可奈何，虞兮虞兮奈若何！"虽是英雄末路，但依然豪情干云霄，气壮山河，气吞万里！这首《垓下歌》同样流传至今。

这里有项羽卓绝一世的骄傲和雄霸之气，有英雄功败垂成的感慨，又有一种对爱情的留恋和不舍，字里行间都是悲壮。都说"男儿有泪不轻弹"，项羽平时一定是不轻易流泪的，但他又是至情至性之人，在生死关头，在爱情的生离死别面前，怎么可能不情动于中，潸然泪下呢？所以唱出了千古绝唱。项羽虽然败亡，但他"不肯过江东"，自刎于江边，一腔英雄豪气，化作不屈的长龙，飞上天空，至今回响不绝。这是一个为世人称道的悲情英雄，他的气概影响了中国无数后来的英雄们，成为一种不屈的精神力量。

所谓"英雄本色"，刘邦和项羽，就是真正的英雄，是大丈夫，且不失人性本色。

所谓"是真名士自风流"，是说，真风流不必矫情，真名士风流不改，情怀至诚。

嵇康是三国时魏末著名的思想家、诗人与音乐家，"竹林七贤"的领袖人物，还是有名的美男子。

《晋书》记载："身长八尺，美词义，有风仪，而土木形骸，不自藻饰，人以为龙章凤姿，天质自然。"可见嵇康是一个标准的美男子。当时有人赞叹他"潇洒而严正，爽朗而俊拔"，赞叹他"肃肃如松下风，高而徐引"，像松树间沙沙作响的风声，高远而舒缓悠长。以至嵇康有时上山采药，樵夫都惊疑遇见了仙人。

嵇康外表俊美、风流倜傥、个性独立、意气骄傲，是真正的风流名士。其好友山涛评价他说："嵇叔夜之为人也，岩岩若孤松之独立，其醉也，巍峨若玉山之将崩。"可见他气度的不凡，是当时很多男人妒羡的偶像人物。

嵇康屑为官，蔑视权贵，选择过"大隐隐于市"的生活。朋友山涛好心向司马昭举荐他，嵇康不喜反怒道："山公将去选曹，欲举嵇康，康与书告绝。"嵇康写了一封公开信——《与山巨源绝交书》，宣布与山涛绝交。有官不做，偏偏选择和好友向秀一起在大树下打铁，甚为逍遥。

嵇康才高，难免骄傲，这对自保不利。大书法家钟繇的儿子、司马昭的心腹钟会，当时对嵇康的才华和容貌既艳羡又嫉妒，排场很大地来拜会嵇康，"乘肥衣轻，宾从如云"，本想在嵇康面前显摆，谁知道嵇康依旧只顾和向秀叮叮当当地打铁，视钟会为透明物。

嵇康赤子真诚，其情怀不为人所左右，完全是自性，体现了他坚持自我、不随波逐流的独立人格和精神自由的追求。

再看另一个名士阮籍。此人长得也是一表人才、个性十足、豪放不羁、骄傲随任。他追求淳朴至真，追求自由任性，行为怪诞，以天地为室，以屋宇为衣，经常是赤身裸体。别人要走进他书房，他反问:"你怎么走进我裤裆里来了?"无视封建礼法,鄙视权贵,追求自由。

据说阮籍的眼眸长得很有特点:能显青色和白色。当气味相投、志同道合者来访时,他用青眼看人;当儒者或有官位的来访时,他用白眼看人。这就是"青眼",即青睐一词的典故。

嵇康、阮籍一类的名士风流,他们尊重自我天性,追求人格和精神的自由和独立,坚守自我,不随波逐流,不与世同流合污,体现了可贵的品质。他们追求质朴本真,率性而为,为人真诚,不矫情做作,活得洒脱自我,轻松自如。

但他们过分的清高,不注意保护自己,不注意顾及别人的感受,结果往往因此招来妒嫉和祸患,这些都是我们所不可取的。

无论是英雄,还是名士,他们都有一股如孟子所说的"浩然正气"、不失真诚的赤子情怀。壮怀千里,气度高远,光明磊落,真诚为人,顶天立地。此为真正的伟大和风流人物。

□知崇礼卑，由小入大

南怀瑾先生说："人生最伟大的价值，就在于孔子的那句最精彩的'知崇礼卑'四个字……就是目标要高远，但开始时要踏实，从最平凡处起步。"

"知崇礼卑"源于《易·大传》，书上说："知崇礼卑，崇效天，卑法地。"意思是说，认识要像天一样高，礼（行动）要像大地一样扎实。

知崇，就是智慧高瞻远瞩，人生有很高的目标。礼，即履，走路的意思，即起步时要从眼前的最平凡事做起。知崇礼卑，就是做人要大处着眼，小处入手。

所谓"千里之行，始于足下"。一个人要远行，必然要做好准备，从第一步开始，就要做好准备，然后才可能步步扎实，一步一个脚印，走出一条自己的成功之路。虽然这条路上不可能避免曲折、泥淖，甚至是弯路、歧路，但只要做好开始的准备，就会有一个良好的开端。人们常说："良好的开端是成功的一半"，只有起点高，起步稳，才能走得快，走得远。你看所有的成功人物，他成功的背后，绝不是侥幸，也不是偶然，而是一串扎扎实实的脚印……只有当一个人成功了，这一串脚印才能成为令人感叹的风景。

对一般人而言，树立高远之志不难，难的是脚踏实地，从眼前的小事做起，从今天做起，并能持之以恒、百折不挠。我们最容易犯的错误就是好高骛远、眼高手低，自以为了不起，不肯做小事。而且怀有一种侥幸心理，总想一夜成名，撞个天下掉馅饼的大运，为此不想辛苦努力，不想一步一个脚印地积累力量。

岂不知，成功哪有那么简单？机遇有限，运气更加靠不住，如果想不劳而获，或者想有所依赖，期待贵人有助，那也同样是不可靠的。成功从来不是简单的，虽然有时机的存在，有偶然的成功，但偶然的成功也往往是昙花一现。所以，任何成功都必然要有良好的开端，有扎实的基奠，否则，就算一下子直冲云霄，也会很快从半空中跌落下来，摔得更重。

古人说："不能扫一屋，何以扫天下？"万丈高楼平地起，楼房再高，也需要奠基。没有人天生就伟大，也没有天生的成功。事实上，伟大往往寓于平凡中，而且伟大人物往往要经历艰苦卓绝的奋斗岁月，正因为有此磨砺，才能日益成长、壮大起来，最终超越平凡，成就非凡。

古人相当聪明，他们法天效地，发明了"知崇礼卑"四个字，天高地低，天阔地厚，人生要从高远处着眼，从细微处行事。即眼界要高，步子要稳。所谓"登高望远"，你要想看到远处的风景，必须登临高处。登高必然一步一个台阶，一个台阶一个风景，视界打开，胸怀也自会有所不同，步步高升，人生的境界自会不同，直到最高处，风景至极，人生也达巅峰。

如果你好高骛远，就等于仰视大山，不去攀登，原地跑步，永远如坐井观天，看到的只是头顶的这片风景。所谓故步自封，就是这样产生的。一个人如果不积极行动，自然会变得浅薄无知，因为视野打不开，思想当然无法更新，进步就无从谈起。

有些人或许认为：人生有限，时间和精力更是有限，做事应有选择性，所以，做事不想从小处入手，不想做那么多细事，不想费那么多苦劲，不想下死功夫，而是挖空心思找捷径，找所谓的贵人依靠，借点力量，以为就是高起点，离成功更近了。比如，社会上的走后门路线，或者借势名人炒作自己的路线，"拿来主义"的复制、翻版、盗版路线，等等，都是不想自己动脑子，不想脚踏实地，自己创造成功的现象。这样的所谓成功出名，也只能是得一点偶然之利，昙花一现，其实根本说不上是什么成功。

正因人生有限，才要有选择地做事，但选择一旦做了，就应该是终生的，也是有始有终、善始善终的。如果不能明确，不能坚持，也称不上事业。而真正属于自己的成功，必须自己通过努力取得，绝没有什么捷径，没有侥幸，没有什么可靠的外在力量，更不能凭小聪明去"翻版"而来。

没有机会，不能成功；有人指点，更易成功。但这不是成功的决定力量。成功的决定力量是实力，而实力非一日之功，必须是辛苦努力，脚踏实地而来的真功夫，而且这种真功夫是自己的，别人抢不去，这时竞争才有力量，成功才成为可能。

有句歌词说得好："谁可以不辛苦，又哪个可以不流泪……"成功没有捷径，是自己一步步"走"出来的。

自己的成功之路，只有自己走，而且必须脚踏实地。这样，你才会练就独一无二的真功夫，自己创造机遇，自会有高人同道相携，最终创造出自己的成功。

□只求耕耘，不问收获

南怀瑾先生说："一个为人类国家社会的人，不问眼前的效果，只问自己应该做不应该做。"

真正有事业心的人，专心致志，只管耕耘，不问收获。他的目标高远，他知道道路很长、代价很大，取得成功要经过艰苦卓绝的努力，绝不会一蹴而就。他的目标当然是结果，但他更享受奋斗的过程。他不问结果，不患得失，是因为坚信自己所做事业的意义，并能够乐在其中。而且他相信："一份耕耘，一份收获。""种瓜得瓜，种豆得豆。"

虽然现实很残酷，竞争很激烈，但只要努力了，所得都在过程中，得失不论——因为这是自己选择的事业，是自己喜欢的，能够乐在其中的，所以，只要付出，就问心无愧，无所悔憾，这何尝不是一种成功呢？

事实上，一个人真正的成功，往往在他生前无所显示，恰恰是身后留名。比如孔子，虽生前也有些名气，桃李满天下，但真正成就他万世之名的，是在他死后五百年，汉朝独尊儒术时，才尊他为"孔圣人"，成为万世之表，其光辉至今不灭。这是多大的成功啊，这是千秋万代之功业！

对一般人而言，没有圣贤之质，也不能耐住寂寞，耕耘容易，不问结果，不患得失，是很难做到的。南怀瑾先生说了这样一个例子：

冯道当宰相时,有一位青年才子,在他门下考取了功名,青年后来见老师,冯道衣冠穿得很整齐地出来见这位学生。冯道坐在那里,把腿翘起,大概地问了一下,结果之间没有什么话谈了,因为冯道话也很少。这位学生就没有话谈找话谈,他刚才低头跪下来行礼,看到老师脚上穿的鞋子同自己刚刚买的新鞋子一样,就问:"老师啊,您这双皮鞋,"手一指脚上,"多少钱买来的?"冯道说:"五百。""糟糕,我上当了!我的买成一千啦。现在商人好没有信用,好可恶。"冯道把腿一换,另一只腿又抬上来,说:"这一只也五百。"你看这个教育之妙,这位青年才子,怀抱救国之志,你认为自己有本领有学问,性情那么急躁,脾气那么坏,没有定力,没有耐心,你何以处世啊!就这双鞋子上,冯道就很轻易地教育了他。当然还对这位青年说:"天下事,不要那么急,问话也清楚,做事也弄清楚。"这么一说,光是五百还不够,就变成二百五了,就糟糕了。

这就是说,成功急不得,尤其是年轻人,一定要耐得住寂寞。因为年轻有的是时间和精力,只要坚持努力,就一定有所获。所以,年轻人最忌急功近利,患得患失,三分钟热度,见异思迁,不安现状。

时下的人们,更是浮躁空虚,物欲横流,急功近利,凡事一定要见到利益,否则事情不能做,时间不必浪费。所以,很难看到真正的成功。所谓的有钱人,也不能说就是成功。有几个真正耐得住寂寞的,为了一份千秋之业而努力的?现代社会人们像被风赶着的风车,匆匆忙忙,却不知在忙什么,有什么意义,结果发现:自己追求的,并非自己真正需要的,也并不能感觉到幸福和快乐。那么,为什么不幸福快乐?原因是没找到合适的方向,并且耿耿于得失。自己随波逐流了,没做自己真正喜欢的、适合自己的事情,感觉不到他的意义,当然感觉不到幸福和快乐。

人的欲望得不到满足,所以心不能清静,很难做到不患得失。因为有欲望、想得到满足,所以既要实现自己,又要得到名利。如果付出了，而没得到，未免失落痛苦。佛家说："要舍得，放下。"舍得了，放下了，就会少了烦恼痛苦。但如果没有相当的阅历和修养，一个人做到放下又谈何容易？

只要心有欲望，就想得到。有时，自己追求的不属于自己，努力也是白费，但还是不甘心，明知不可为，不能成功，没有结果，还是硬着头皮要做，怀一腔所谓的执著，给自己徒加压力。这不仅是徒劳，而且是愚蠢了。

现实很复杂，人生有太多无奈，很多事情是不以自己的意志为转移的。所谓"谋事在人，成事在天"。成功，不仅需要努力和实力，也需要机运，也有偶然的因素。

事实上，成功不在眼前，也不在结果，甚至不在有生之年，所以不必问成败得失。真正的成功，往往就在奋斗的过程中，在自己感觉到的乐趣和意义中。在有生之年，你通过快乐的奋斗实现了自己，完成了此生的使命，那么，就是成功的人生。

□ 不遇不牢骚，失意能隐忍

> 南怀瑾先生说："年轻人不要埋怨，不要发牢骚，不要怕没前途，只要能站起来，就不要担心别的事情，迟早有一天会看到所希望的前途的。"

事业成功，是每一个人的向往，尤其是志存高远的有志青年。哪一个不是豪情满怀？谁不希望少年得志？但成功的道路不可能一帆风顺。不是因为实力不足，没抓住机会，就是因为机遇不到，能力无从发挥。

有的人从来自视甚高，也一直努力向上，追求功成名就，但一直不得发挥、不得时机，一直默默无闻，他的心中怎么不会苦恼呢？他看到别人一朝得遇，意气风发、志得意满的样子，总难免有牢骚之心，自认怀才不遇了。有时甚至会恨上社会，认为是社会不公造成了自己的不幸。

毛泽东有一句有名的诗句："牢骚太盛防肠断，风物长宜放眼量。"牢骚之心人皆有之，毕竟现实不是那么美好，让充满期待的心失望。人们常说："天下不如意事，十有八九。"确实如此，哪里有那么多公正、公平、平等？你看不惯，或者妒嫉别人，说些怪话，消极抵触，或者恶意中伤，都是一种小人物心理，是"吃不上葡萄说葡萄酸"。

成功绝不是那么容易的，要得天时，得人力，得实力。有人的成功可能得一时之机，有人的成功可能得某人助力。而你没得到，心中一时想不通是有的，但如果为此牢骚满腹，怨天尤人，必然会产生坏情绪，自己不快，也会别人不快。牢骚发得越多，苦恼越多，自己的被讨厌指数越高。所以，牢骚不仅是一种自虐，更是一种倒退。

还有一部分年轻人，自视甚高，睥睨万物，一路顺风走来，不曾经历过失败失意，言语表情间，是一副"老子天下第一"的盛气凌人状，从不甘心屈服于谁。这样的人，争强好胜，平时喜欢表现自我，得志时得意忘形。但一旦失意呢？他们会为此耿耿于怀，从此自甘堕落。这就是自毁前程了。

人们为了一个心中久已存在的梦想，上下求索，尝尽辛酸，却依然不见出头之日，积极的心也会被一种无奈和无助在瞬间弥漫……此时，年轻的心，难免困惑迷茫了——出路何在？如鲁迅先生所说："充满了无路找路的痛苦。"在通向成功的路上，在成长过程中，相信每个人都有类似的痛苦。应该说，越是有理想主义情怀的人，这种痛苦越发强烈。

但是，不能因为一时失意就发牢骚，这不是一种积极健康的心理。这是不成熟、缺教养，没礼貌的表现。古人说："克己复礼。"就是说，一个人要克制自己的不良情绪，做到谦卑知礼，这不是表面上的，一定要内心清醒地认识到克服自己，战胜自己的必要性，认识到尊重现实规则和他人自尊的重要性。人如果能管好自己，就能提高修养，不轻易发牢骚，不随便妒羡他人，不会怨天尤人，自暴自弃；他只会谦虚求教，提高修养，也只有这样，才能日益成熟，真正强大起来，才能走向成功。

在不遇时，一个人的隐忍功夫也是必须修炼的。你不能忍耐，没有韬晦之心，在不得遇时，就一时技痒，动辄表露自己的才华和思想，这是十分不明智的行为。因为才华是宝贝，在不得时时，最好不要呈现出来，这样，出手时，才显得更加珍贵。

现实没那么美好，一定要学会正视，不能与它作对，玩世不恭不行，做愤青没出路。你不得意、不成功，总有原因的。社会现实无从改变，我们能改变的，也是最重要的，就是只有从自己身上找原因。一定要提高修养，增长智慧。这样，才能获得成长，才可能走向成功。

□从己所好,走自己的路

孔子说:"富而可求也,虽执鞭之士,吾亦为之;如不可求,从吾所好。"

对此,南怀瑾先生的理解是:"天下事有可为的,也有不可为的,既有应该做的,也有不应该做的,中间大有文章,很是不同。不可求的东西,就是认定不可以做,而不管到底富不富裕。原因是富贵只是生活的一种形态,不是人生的最终目的,因此凡夫俗子还是要从己所好,走自己的路。"

那么,什么是不可做的呢?应该说违背道义和良心的事,不可做。什么是可做的呢?就是自己喜欢的,有能力做好的,而且不违背道义和良心的事,就值得认真去做,而且要做好,那就是成功。

但丁说:"走自己的路,让别人去说吧。"这句话,往往成为很多人的座右铭。尤其是成长中的青少年,虽然对这句话的理解与但丁的本意有偏差,但并不影响这句话的激励力量。其实,自己真正要走的路,也不只是一个人的事,还关乎他人和社会。

自己要走的路,应该做的事,不仅应该自己喜欢,还应该有益于社会和人民,不违背道德和良心。

我国古人十分重视道、德、仁、义等精神品质,认为这是立身之本。古人做人做事,有一套严格的准则,不做不义之事,不昧良心做事。根本来说,这是做人的问题。做人比做事更重要。

但人天生多欲望，而且无止境。在面对义与利的选择时，不能失去了做人的底线和操守。孔子说："不义而富且贵，于我如浮云。"就体现了一种安贫乐道、不取不义之财的风范。所谓"君子生财有道"，意思是，做合法公民，君子取财，绝不会唯利是图，做损人利己、伤天害理之事。

一个人不犯法，但如果不讲道义，缺乏责任心，就不能说他是一个好人。法律是国家统治和社会安定秩序的需要，并不是目的，而只是手段。而道德良心，却是做好一个人必须的品质。否则，这个人就是没做好，不能称其为一个合格的人。

一个好人，他做人做事，绝对有自己的原则和底线，绝对是爱憎分明，有所为，有所不为。他追求名利，但只会凭劳动而得来，绝不会不劳而获，也不会取不义之财，或者为达目的而不择手段，无所不用其极。

社会和人心都很复杂，选择一生不违心地做人做事，的确很难。这需要相当的修养和道德自律，需要战胜自己。人的一生，要经历多少事情，要做多少选择？哪些事情"可为"，哪些事情"不可为"？有时我们自己并不是很清楚，更何况有时有私心的存在呢？人往往最难战胜的就是自己。有时，因为一念之间，就做了违心甚至犯罪的事情；有时，自己在不知觉间迷茫失措，选择了违心地做了一件事；有时，是迫于无奈，违心出于一时的权宜之计……

漫漫人生路，总要错几步。我们不是圣人，总会犯这样那样的错误。相对而言，如果一个人坚持不违心违德地做人做事，人前人后基本表现一致，能够估到光明磊落，问心无愧，那就是相当得成功了。

"可为"与"不可为"的选择，充满一生，也充满选择的纠结和痛苦。每个人，也是在这种是与非、义与利，可为与不可为的选择中，日渐提升着自己对社会和人性的认识，提高着自己的修养。做事成功固然重要，但做事的结果却为了自己快乐，而不是名利本身。所以，对于大多数人而言，良知和道德还在人心，不会唯利是图，不会明知不可为而为之。

但是，还有一种明知不可为却为之的事情。那是什么？就是"处义不回，见嫌不弃"。甚至有人为此"舍生取义"。他们为什么明知不可为而为之呢？恰恰是为了正义、道义，为了天下和国家。比如忠臣的直言进谏，英雄义士的慷慨赴死，都是在紧要关头，顾全国家大局，放弃个人安危，明知不可为而为之，这里的"不可为"，是指的事情的结果对自己很不利，会招来祸患甚至是伤命，但他们却毅然决然"为"之，就是因为置个人生死安危于度外，大义凛然，为正义、为国家不惜慷慨赴死，这就是孟子所说的"大丈夫"精神，是真正的"舍生取义"。他们所做的"不可为"，实际上是他们眼里最大也是最应该"可为"的事情。如果不为，就是苟且偷生了。

当然，"处义不回"的"舍生取义"毕竟不是常态，也不是我们愿意看到的事情。我们更愿意看到一个人，在明知不可为时，在时机不到时，在不适合自己说话做事时，做到"潜居抱道，以待其时"，不去碰硬，选择有智慧地做人做事。

更多的情况是，我们要懂得自己的情况，所处的位置，是不是可以做，做这件事是否违心，违背了道义。所以，南先生提出："从其所好，走自己的路。"就是告诉我们，做事要有选择性，不仅要自己喜欢，还要不违背道义；既要有利于自己，更要有利于大众。这样的选择，自己舒适，也会得人心。

其实，这就是说，**你一定要找到适合自己的做事方式，而且有自己的原则，做到自己喜欢，也对他人、对社会负责，这样就能心安理得地走好自己的路。**

□凡事预则立，谋略先行

南怀瑾先生在讲到苏秦之死时，曾感叹说："苏秦临死了，还会动脑筋，借人家的手替自己报仇，这就是搞谋略的人头脑的厉害之处。"

让我们来看苏秦奇谋报仇的故事：

苏秦与燕易王的母亲私通。燕易王得知苏秦与自己母亲私通的情况后，不但没有怪罪苏秦，反而更加厚待苏秦。燕易王虽然厚待苏秦，但苏秦还是怕燕易王有朝一日翻脸加害自己，于是就想离开燕国这个是非之地。苏秦对燕易王说："我留在燕国，不能使燕国的地位得到提高；如果我在齐国的话，那么燕国的地位就一定会提高。"燕易王说："一切听任先生去做吧。"于是，苏秦假装得罪了燕国而逃到齐国。

苏秦到达齐国后，受到了齐闵王的赏识。齐国的很多大夫都因与苏秦争宠而嫉恨苏秦。齐国的大夫中有人派人刺杀苏秦，刺客将苏秦刺成重伤，苏秦带着致命的创伤逃跑了。齐闵王听说苏秦遇刺，急忙派人捉拿刺客，但没有抓到。苏秦临死前对齐闵王说："我马上就要死了，请您将我在街市上五马分尸示众，对众人说：'苏秦为了燕国在齐国作乱。'那么杀我的凶手就一定能捉到了。"齐闵王按照他的计策做了，杀害苏秦的刺客果然现身，齐闵王命人将杀害苏秦的刺客抓住杀掉，以此为苏秦报仇。

苏秦被人谋害，受了致命伤。他知道自己难免一死，死前唯一牵挂的就是为自己复仇。

苏秦为了给自己复仇，不惜设下一个极其"毒辣"的计策——他建议齐闵王将自己施以"五马分尸"的刑罚，然后对公众宣称苏秦是帮助燕国倾覆齐国的间谍，以此作为诱饵，诱使谋害苏秦的人主动现身。当时的人普遍认为人死后是有灵魂的，因而极其看重自己死后的尸体是否完整。苏秦为了给自己复仇，不惜让自己的身体四分五裂，可见其对谋害自己的人痛恨到何种程度。

苏秦临死之际还能冷静地运用计谋，在死后为自己成功复仇，其智慧实在是非常人可比。

谋略是什么？其实就是掌握了事物的发展规律，顺势而行，因势利导，及时抓住机会，一举成功。

事物都有发展规律的，做事情也是有机会的。"事机满天下"，说的是得时遇之机，有机会做事，这是每个想成就事业的人的追求。

只有合乎规律，得时遇之机，才能成事。所谓"预则立，不预则废。"就是要审时度势，估量眼前，预测未来，可行与否，难易程度，危险系数，等等，都要做到心中有数，才能做出正确的判断，及时决策，行动有力，一举成功。同时也能防患于未然，把不良发展势头消灭于萌芽状态。由于正反两方面的结果已经心中有数，所以，能够做到临事不慌，临危不乱，镇定自若，泰然处之。这是所有成功者必备的素质。

能够正确判断和预测，当然是一种智慧。三国时的诸葛亮就有这样的智慧，他的草船借箭、占星卜月、布阵用兵，都无不成功应验。他的聪明甚至被神化了。这就是所谓的料事如神。其实，说到底，是因为他善于观察，谨慎从事，了解现状，正确估量预测，知己知彼，正确决断的结果。

事理需要揆度，需要谋略先行，人情亦然。只有揆度得法，才能心中有数；只有心中有数，才能随机应变；只有应变有方，才能减少盲目性，从容地应急应乱，让自己立于不败之地。

一个能审时度势、揆度有数的人，必定是一个有着敏锐洞察力，有着远见卓识，处事不惊的人。

□得人心者得天下

孟子说:"得天下有道,得其民,斯得天下矣。得其民有道,得其心,斯得民矣。"

南怀瑾先生十分赞赏这句话,认为古来所有优秀的统治者,最重要的功夫就是下在民心上。

所谓"民心向背",一个统治者,如果明白"民为国之本"、"民富才能国强"的道理,就会以百姓的利益为重,真正造福于民,这样才能得到百姓的爱戴和拥护,统治才能长久。

那么,如何得到民心呢?就是要以"民为贵",施行"仁政",以德治国,休养生息,使百姓安居乐业,达到民富国强。只有圣明君主,才能做到以德治国,达到无为而治,这才是高明的统治方法。

所谓"得道多助,失道寡助"。能够施行仁政,以德治国,当然,国君必须有大德,对百姓有仁爱之心,确实为人民服务,而不是图一己的私欲。

有道之人,都是有足够能力让人心悦诚服的人。他们可以没有权位,但却有一种自在的权威,这种权威可以树起他的名望,让远近的人慕名而来,甘心臣服,根本不需要什么强权的力量。道德的力量,犹如春风化雨,潜移默化地滋润人的心田。古代的尧、舜、禹、文王等,都是凭着自己高尚的德行来获得民心,进而君临天下的。

古之国君,以德治国,仁政爱民,屈己于人,礼贤下士,施无为而治,则远近臣服,四海太平。有圣德明君,才有贤相良臣和自愿投诚的各路英杰,上下同修,德行高远,自然政事和谐,威声振彻四方,谁还敢入侵呢?所以说,真正的强大和力量不是强权,而是仁心道德,所谓"无为而无所不为",真正的高手,不是迎头对仗,而是守柔守道,"不战而屈人之兵"。

一天,周文王乘猎车、驾猎马,到渭水北岸围猎。到了那里,他看见姜太公正坐在长满茅草的岸边钓鱼。

文王亲切地问他:"您喜爱钓鱼吗?"

太公说:"我听说君子乐于实现自己的志向,小人则为利益而奔忙。我现在钓鱼和这个道理很相似,钓鱼并非我所乐于做的事。"

文王问:"钓鱼与实现抱负,二者这么相似吗?"

太公说:"比如君主收罗人才就与钓鱼有三点相似:用厚禄聘用人才与用诱饵钓鱼一样;用重赏收买死士与用香饵钓鱼一样;用不同的官职封赏不同的人才,就像用不同的钓饵钓取不同的鱼一样。表面上看,凡是垂钓都是为了有所得,但垂钓的道理却很深奥,从中可以看到大道理。"

文王说:"我可以知道这道理吗?"

太公说:"水源深广,水流自然会涌流不息;水流不息,鱼儿就能得以生存,这是自然的道理。君子志同道合,就会紧密合作;亲密合作,就能做出一番大事业,这也是自然的道理。而圣人广施仁德,自然能树立威望,收揽人心,得到天下人的拥戴和支持。"

文王问:"那么,怎样收揽人心,以使天下归心呢?"

太公说:"天下是天下人共同的天下,而不是一个人的天下。只有与天下人同享天下利益,广施仁爱,才可以得到天下。反之,如果只是为了满足个人贪欲独占天下利益,就必然会失掉天下,这就是所谓的'得民心者得天下'。"

文王拜谢说:"您讲得太对了!"当下,拜太公为老师。后来,周文王在太公的辅佐下,事业日益昌盛。

在文王与太公的对话中,太公暗示文王,商王朝行将就木,指出能与天下人同享天下利益的,就可以得到天下,要求文王以仁、德、义、道收揽天下之人心。

当下社会,道德滑坡,许多领导道德水平不过关,更难提他能以德治人。要么是以权压人,要么靠制度治人,这都不能起到根本作用。最好的管理还是以德治人,软硬兼施,恩威并施。不仅领导者本人有德有能,言行一致,身体力行,而且能以一种让大家心悦诚服的理念来凝聚人心,给大家一种安全感和归宿感,把大家团结起来,能使他们自觉地投入到为共同目标而努力的工作中去。所谓"运筹帷幄之中,决胜千里之外"。只需给出理念、指令即可,根本不必自己去亲自督促,以权势压人,或者以制度强制执行。

真正高明的领导,就是攻心为上,以德治人,以理服人,以情感人,以一种理念来管人,让大家甘心归附随从,甘心效命于他麾下,并自觉自愿地行动,做到真正的"无为而治"。

藏器于身，待时而动

> 南怀瑾先生说："要注意藏器于身，大家要注意这个藏字，深藏不露，不要表露出来，有器不用可以，但不可无器……要器藏于身，待时而动，这是很深刻的道理。"

器，即所谓的常识和能力。我们每个人实际上都是孤身作战，没有什么依靠，实际上谁也靠不住。一个人要想在社会上立足，要有所作为，就必须有自己的"器"，而且这个器要经得起时间的考验，与时俱进，这样才能保持不败的核心竞争力。

藏器于身，就是一个人要有真正的实力，但这个实力在机会不到时，不要轻易表露。也就是说要善于藏拙，最好是大智若愚。因为社会是竞争的，有竞争就是险恶，为了自保必须善于藏器，以免受伤。

真正的高人，在形势还未到、时机不成熟时，都能做到隐居韬晦、默守正道、孜孜以求，以待时机的到来。

子曰："龙，德而隐者也。不易乎世，不成乎名，遁世无闷，不见是而无闷，乐则行之，忧则违之，确乎其不可拔，潜龙也。"

孔子说：像龙这样有能力的人，在没有机会能够有所作为时，德行是隐藏起来的。不去强求改变自己，也不会强求一定求取功名。他不会因为在世间寂寂无名，别人看不到自己的优点而郁闷。当有机会可以做自己想做的事时，就快乐地去做，如果不开心就不去做。坚守自己独立不倚的人格和精神，不可撼动，这就是潜龙的品质。时机到时，才行动。时机不到时，则"潜居抱道，以待其时"。没机会时，能甘于寂寞，而且能自得其乐。

如果主上不圣明，就不方便直言进谏，因为既没用，也费力不讨好，甚至自招其祸，何必呢？不如保持沉默，明哲保身，以待时机。所以，无论你能力有多大，见识有多高，如果所遇非人，没有机会，也是不能锋芒毕露的，因为不得其时。

古人早就说过："千里马常有，而伯乐不常有。"人才只有遇到伯乐，才能有发挥的机会和舞台。如果不能遇到真正赏识自己的人，既不能好好用你，反而可能耽误了你。所以，真正的人才，也要善于自处，"良禽择木而栖"，一定要找到那个真正欣赏并给你机会的人，才能最大限度地发挥并实现自己。

抱怨自己怀才不遇吗？不行，因为没有用。在没有机会时，人才必须学会潜居抱道，韬光养晦。所有有所成就的人，在成功之前，都必然经历一个相当漫长的积累和准备阶段，这个阶段也是对心灵的磨砺阶段。一个有自觉意识的智者，自会在这个过程中努力修炼自己，相机而动。

那么，如何韬光养晦？就是在机会不到时，坚守正道，不失信心，耐得住清贫和寂寞，在沉默无闻中继续修养自己，苦练内功；而且人前不轻易显山露水，谦卑做人处事，在沉默中积极观察，时刻准备着，相时而动。不飞则已，一飞冲天。有此之志，才是聪明智慧之人。

"器"是自己最大的宝贝，一定要珍视，不要轻易拿出手。只有平时珍惜，到得用时，拿出手来，才会"卖"出高价钱。

□不在其位，不谋其政

孔子说："不在其位，不谋其政。"意思是，不在此职位，就不要过问这个职位范围内的事情。换句话说，就是不越权，不僭越。这是一个尊重别人的问题，也是一个修养的问题。

> 南怀瑾先生说："不在那个位置上，对那个位置的事情，就没有体验，而且所知的资料也不够，不可能洞悉内情。因此，我们发现历史上许多大臣下来以后，不问政治。"

各有使命，各有其职位，最好是各就其位，各守其职，各尽其分，各谋其政，不要乱加干涉。无论从管理角度，还是从尊重他人，并自保的角度，各守其分，都是很有道理的。

每个人看问题都有自己的角度和思维方法，所以观点往往不同。如果不是有切身的体验，置身事外的旁观者往往不了解实际情况，因此说也不能乱加置啄的，如果中间再插手说不定反添乱呢。如果不清楚，评论也是隔靴搔痒，就是插手也是费力不讨好。

古代的好多政治家，退下来后，不再干涉政治，为什么？就是明白这个道理。让在正在其位的人做去，按照他自己的方式，就是有问题，可能也是事出必然，不在其位的人，最好不要插手。这是对别人的尊重，也是一种明哲保身的智慧。

所以，聪明的领导，是放权不管，给下属充分的自由和权力，让他放手去做，即使有些问题，也先持观望，因为知道问题是他的，不是自己的，最好由他个人去处理。不到必要时，不去插手。这样，才能做到人尽其才，提高管理的整体水平和工作效率。

知识分子，往往有着强烈的责任和使命感，有着强烈的批判意识和参与精神，让他真正做到旁观批判很难。政治和学问是两回事，而且参与政治的结果，往往会成为政治的奴隶，这对追求精神思想独立自由的知识分子，其实是一种不利。知识分子最好保持独立不倚，不为政治当传声筒，不为哪个阶层做奴役服务。所以南怀瑾先生说："在我看来，知识分子少谈政治为妙。又说："尤其人老了，接触方面多了，发现学科学的更喜欢谈政治，如果将来由科学家专政，人类可能更要糟糕，因为政治要通才，而科学家的头脑是'专'的，容易犯以偏概全的错误。"

在这里，我们特别指出，小人往往是最喜欢"不在其位，乱谋其政"的人了。他们这么做，目的是什么？他们可不是责任心或是道义心所致，而往往是为了一己之私利，为了自保，为了排挤别人。最可恨的是，他们个人的分内之事并没做好，却喜欢插手别人的事，而且是打着责任心的旗帜去损人利己。领导们往往被他们的如簧巧言所迷惑，听信谗言，加害忠直之士，或者是有成绩的人。

所谓"欲加之罪，何患无辞？"小人要想找你的茬，总会有的。只要钻空子，总会有的。而正直之人不会为此，也不屑为此。尤其是有些才华或有些成绩的人，往往不把小人看在眼里，也正因此，容易被小人钻了空子。

所以，无论是领导人物，还是正直之人，对于小人的"不在其位，乱谋其政"，一定要多加防范。

明白了"不在其位，不谋其政"的道理，就懂得了安分守己的必要性，做好自己的事情，做好自己。这是一种做人的策略和智慧，是一种礼貌和修养。

□中庸之道最高明

南怀瑾先生十分推崇的一种境界是《中庸》里所说的"故君子重德性，而道学问，致广大，而尽精微，极高明，而道中庸"。他不仅经常提起，而且以此实践。

中庸之道是什么？就是不偏不倚，走正道。这实际就是一个讲究分寸、和谐的问题，即永远不走两个极端，不采取过激行为，保持不偏不倚、不卑不亢的平和中立状态。不仅是人生追求，而且做人做事，生活和工作的方式方法，也以中庸为原则。

中庸之道是儒家思想的核心，是中华文化的中心思想。古代的大人物们无不对它推崇备至，并以此践行。曾国藩深得中庸之精神，一生坚持走中庸之道，当他击退太平天国，功高震主时，他有意请辞兵权，低调自保。所谓激流勇退，明哲保身，他是深谙此道的，所以能够保盈持泰，安享尊荣，安养一生。另一个清代名臣左宗棠，也是深得其道的，他在江苏无锡梅园题字说："发上等愿，结中等缘，享下等福；择高处立，就平处坐，向宽处行。"就是说，做人要志向高远，但只求中等的缘分，不奢求，享下等的福分就行；为人处事要站得高，看得远，知宽容谅解，行事低调，不露锋芒，凡事给自己和他人都留有余地。

古人的中庸之道，不仅是守正道、正统，走中正之道，更强调为人处世的分寸把握和理性智慧。所谓"天道忌盈，业满招损。"任何事太过了就会走向反面，即过犹不及，适得其反了。所以，事事要留有余地，所以守中庸之道。

无论是做事，还是做人，都要守分寸，明白过犹不及的道理，要适可而止。即做人做事都要不苛求完美，不得意忘形。学会凡事真诚但不较真，学会"难得糊涂"，学会明哲保身，安分守己，知足常乐。这是生活的态度，更是生存的智慧。

老子"贵柔"，强调守柔、守弱的重要性。就像水一样，温软但所向无敌。他说："揣而锐之，不可长保。"告诫人不可锋芒毕露，越锋利，越容易受挫伤。《周易》说："曲成万物而不遗。"《道德经》说："曲则全，枉则直。"指天下万物都是弯曲的，完美的东西也是弯曲的，只有弯曲才能发展。圆形不止，所以中国本土文化中有太极图，八八六十四卦，组成一个圆，其中有太多有无相生、满则亏、过犹不及的道理。

古人说："聪明广智，守以愚；多闻博辩，守以俭；武力多勇，守以畏；富贵广大，守以狭；德施天下，守以让。"这是经验之谈，有很深的智慧。

事实上，天下事、天下万物都有它自己的宿命，个人并不能改变，更不能相强，只有顺应天道，顺应时势，抓住规律和时机，注意方式方法，才能够顺利成功。而一旦成功了也往往就到了心头。正如《红楼梦》里的《好了歌》所提示的那样，万事好了，也该是了了的时候。

所以，做人做事一定要守分寸，不可骄傲，功成要知善于守成，明白名利富贵如烟云，高处不胜寒冷，明白功成身退，急流勇退的道理。

林语堂先生在他的文章《中庸的哲学：子思》中引用了清代学者李密庵《半半歌》：

看破浮生过半，半之受用无边。

半中岁月尽幽闲，半里乾坤宽展。

半郭半乡村舍，半山半水田园。

半耕半读半经廛，半士半民姻眷。

半雅半粗器具，半华半实庭轩。
衾裳半素半轻鲜，肴馔半丰半俭。
童仆半能半拙，妻儿半朴半贤。
心情半佛半神仙，姓字半藏半显。
一半还之天地，让将一半人间，
半思后代与沧田，半想阎罗怎见。
酒饮半酣正好，花开半吐偏妍。
帆张半扇免翻颠，马放半缰稳便。
半少却饶滋味，半多反厌纠缠。
百年苦乐半相参，会占便宜只半。

林先生说："生活的最高典型应属于中庸生活，一首28行的小诗把这种理想很美妙地表达了出来……"

的确，中庸是一种平衡的智慧。明白了中庸的道理，就会宠辱不惊，笑看花开花落，淡泊守成，坚守自我，永不迷失，知进退，知荣辱，不卑不亢，坦然对待生活中的一切幸与不幸，做到善始善终，安养一生。

中庸不是世故圆滑，没有棱角，没有斗志和闯劲，而是一种做人做事、为人处世的智慧。

□成功得时,也要得位

南怀瑾先生说:"宇宙间的一切,脱离不开时位,不得时位,什么都没有用。这里的时,就是运气。光有运气,没有位也不行。所以不但要得其时,还要得其位。"

成功不容易,需要实力,还要有机遇,所谓"成事在天",这个"天",说的其实就是运气。一个人光有能力,不得时,没有位,就是没机会施展自己,就是怀才不遇。

要想做大事,不仅要有实力,有机遇,还要得其位。"位"就是你要处于某个位置,这样才能在实力和机遇都具备时,得以一显身手,一举成功。

这其实就是一个时空的问题,任何人都处在一定的时空环境中,不能脱离。站在合适的位置上,你才能做好自己,同时散发出更大的光和热。

古人说:"名不正,言不顺。"就是说,有位才有权,有权说话才有分量。一个人名分不在那里,连说话都没分量,更何况是做事呢?你不在那个位置上,不管你说得多么有道理,不管你有多着急,都是没用的——因为实行不了,等于废话,还可能得罪人,所以不如不说。

一个人的身份和位置很重要,不论你愿意承认与否,这是现实。在其位,有其分内的职权,说话才有分量,办事才成功。所以,聪明人要善于韬晦,在不得其位、时机没到时,要"潜居抱道,以待其时"。平时不锋芒毕露,耐住寂寞,养精蓄锐。时机一到,立即出动，一鸣惊人，一举成功。

我国古代的隐士，在不得其时，不得其位时，选择退隐山林，以退为进，所以有了"终南捷径"，以此引起统治者的关注，使身价大长，这是很高明的做法。因为他明白，只有得其位，才能一展怀抱，实现自我，建功立业。诸葛亮在不遇时，卧居隆中，潜心修"道"，直到刘备三顾茅庐，立即如卧龙得势，一飞冲天。从此鸿图大展，事业精进，创造了属于他自己的成功。试想，如果没位没权，即使他诸葛亮再高明，也是创造不了什么奇迹的。

古人说："君子乘时则驾，不得其时，则蓬蒿以行。"就是说，机会有了，就可以作为一番；机会没给你，就规矩做人做事。所谓"达则兼济天下，穷则独善其身"就是这个道理。

我们说得位，不仅指职位，还有一层权位的意思。**在其位，不是说权力一定有多大，而是强调你有机会处于一个适合你的岗位上，这个岗位能给你充分的施展空间，让你的才华和能力得以心情的发挥，这样，你才能创造出自己最好的业绩，创造出自己的成功。**

得时得遇，得位得权，说话办事有人听，有了分量，能最大限度地实行自我意志，实现自己，这当然是人生事业最大的得意。从这个角度讲，权位是十分重要的。所以，古往今来，权力成为人们争夺的焦点。

古往今来，官场如战场，又如演出，一出出，一场场，你方唱罢我登场，名位沉浮，伴着事业的跌宕起伏，世态炎凉，人间百态，在这里都得到淋漓尽致的表现；个中滋味也唯有身在此中的人自知。其实，这怎么可能只是为了所谓的名利和富贵而争？虽然欲望很多，但每个人都明白，其实个人所需要的物质其实很少。那是为什么争？说到底还是想证明自己，实现自己，建功立业，在事业中享受人生达到顶峰的乐趣。而这一切，是否值得，是苦是乐，只有他自己知道，只要他按自己的意愿做了，问心无愧，就是无悔的事业、无悔的人生。

毕竟，俗世中人，有几个能看破权力名位的？当然，你不想在名利场中角逐，不想活得那么累，当然，你可以看透，可以淡泊，也可以选择与世无争，但无法回避充角色之争的社会现实。就像"不想当元帅的士兵，绝不是好士兵一样"，只要是一个有追求的人，无不追求事业的成功，希望能在实际工作中做点事情，有所作为，实现自我。

但如果不逢其时，不得其位，就不要强求，只待其时；如果不得时、不得位，那么就追求"独善其身"，这样，也能活出自己。

老子说："功成，名遂，身退。"就是讲做人要有自知之明，明白这个时位是不是属于自己的，就是既要善于抓住时机，也要知终而终之。争取机会的道理都不难懂，容易去自觉地做，但要做到知终、功成身退，不是易事。所以，像张良，在为刘邦打下天下后，自己选择功成身退。曾国藩也是自己请辞兵权。这都是"知终"，是善于守中庸之道，善于守成，也是高明的明哲保身之道。

人处在高位上，就很难想下来。往往以为这个时代永远属于自己似的，不明白自己。所以，南先生说："要认识自己，时间机会属于自己，就玩一下。要知道玩得好，下来也舒服，这样纵或有危险，但不至于出毛病。"

这里的"位"，既是位置、地位，也是环境。南先生告诉年轻人："不要怨恨，不要牢骚，年轻人不怕没前途，只问你能不能站得起来；但要懂得把握时间和空间。如同赶公共汽车一样，这就是人生。等得久的人，不要埋怨，是自己到站太早了；有的刚刚赶到，汽车开出去了，于是气得不得了，大骂一阵，骂有什么用？干脆等下一班第一个上去，不就好了？从这一点小事，也可以了解人生，怎样去安排自己，把握时间。"

的确，人在旅途，你赶哪路车，遭遇什么样的人和事，有什么喜忧祸福，我们无法知道，但我们却能做好准备，把握好属于自己的时机。

如果想有所作为，除了主观努力，还要审时度势，明白得时得位的道理，这样才能顺道而行，待时而动，抓住时机，占就其位，抓住属于自己的时代，一展身手，一举成功。

□持盈保泰是明哲

人们常说:"创业容易,守业难。"就是说,一个人的成功也许对他不是难事,但难的是守住成功,即守成。所谓"盈满则亏",过满则溢,事理使然,所以,要想保留最好状态,就要防止过满,保持中和之态,这样才能不流于亏损。

《老子》里说:"道冲而用之,或不盈,渊兮似万物之宗。挫其锐,解其纷,和其光,同其尘。湛兮似若存。"意思是,道本体为空,为无,无处不在,无所不包,其作用是永无止境,永远存在的。这是很深刻的道理啊!要想达到道,就要挫其锋利,排解其纠结纷繁,如光与尘的中和为一体,互不排斥,相互包容,深不可测,但道自在其中。

这就是所谓的"和光同尘",道的本质就是中和,在万物的中和之中,而它本身从不显山露水,永远保持着如阳光般的充盈和饱满。

> 南怀瑾先生在谈到这句话时说:"修道的根本,首先要能冲虚谦下。能够做到冲虚而不盈不满,自然可以顿挫坚锐,化解纷扰。澄澄澈澈,和而不杂,同而不流地,在若存若亡之间。如果能达到此造诣,具备了这种素养,便符合了'道'了。"

一个人经过一番努力,功成名就了,最容易犯的毛病就是得意忘形。从此骄狂溢于言表,轻视他人,以为"老子天下第一",此人生境界一打开，从此就可以高枕无忧、永保无虞了。

这是事业巅峰中人的大忌！同时，一个成功的人，也往往因为自己的层次不同了、格调品位提高了，就容易忘本，断了故交，还要有意抬高自己。这都是所谓的成功使他得意忘形，因为他的修养没同时跟上去，就找不到自己了。

这是很危险的。因为人都有妒羡之心，人性往往是"恨人富贵笑人穷"的。人家面对你正在相形见绌时，你却显摆自己，不知低调谨慎为人处世，这不是自招其患吗？古来那些功高盖主，最终被主上加害的事例，何止少数？所以，守成最难。

如果一个人能够在成功时不骄傲，看淡名利地位、荣华富贵，懂得低调的智慧；在圆满时能有一份忧患意识，想到"月满则亏"的道理，在人生的高峰功成身退，回归平凡，持盈保泰，这是最难能可贵的品质，也是最智慧的为人处世之道。

唐朝中兴名将郭子仪，屡次临危受命，挽狂澜于既倒，平安史之乱，御外敌入侵，是辅佐玄宗、肃宗、代宗、德宗四代皇帝的四朝元老，有国家再造的不世之功，就连皇帝都要尊称他为"尚父"，以父辈相待。

除了功业，再看他的一生，权倾朝野，荣华富贵，盛而不衰。所以，司马光在《资治通鉴》里高度评价他是"天下以其身为安危者殆三十年，功盖天下而主不疑，位极人臣而众不嫉，穷奢极侈而人不非之"。此言不虚。

古今中外功成名就、达至人生巅峰者很多，但能够持盈保泰、终其一生盛而不衰的人，却是凤毛麟角，郭子仪就是这样一个"多福多寿"，事业和人生都达到极盛的人物，实在是了不起。

共患难容易，共享乐难。俗话说"功高震主"，历朝历代，功成之后，君主杀伐功臣几乎成了常态。尤其是身在一人之下，万人之上的高位者，权倾四野，荣华富贵，怎能不令人垂涎妒恨？所谓"高处不胜寒"，越是高位越危险。不仅上面怕你越位夺权，下面也对你妒嫉觊觎，伺机把你整倒才快心。

郭子仪手握重兵，但他从不留恋兵权。国家有难需要他时，他就义不容辞，挺身而出；上面对他稍有疑心时，他二话不说就自请下野。一旦天下太平，他总是主动地把兵权交出。在险恶的官场，他时时怀如履薄冰之忧患，保持谦虚谨慎、与人为善的君子之风，甚至常感化恶人。

例如，当时的宦官鱼朝恩总想陷害他，对他极尽诬陷、诋毁之能事，但郭子仪都一一包容了。

一次，鱼朝恩邀请郭子仪赴宴会，有人密告郭子仪此行凶多吉少，建议他带300个贴身卫士前往。但是，郭子仪只带几个家僮去了。鱼朝恩感到意外，问郭子仪："您为何只带这几个随从？"郭子仪诚恳地直言相告："有人说你想害我，我是不相信的。你若真想害我，我也不必带太多的人，以免给你动手的时候添麻烦。"其坦荡胸怀和磊磊气魄令人肃然起敬，当时就把鱼朝恩感动得痛哭流涕了。他捧着郭子仪的手说："如果不是您这样的忠厚长者，任谁也会有疑心啊！"

郭子仪的宽忍功夫实在了得，有时甚至达到匪夷所思的地步。当他手握重兵之时，他父亲的坟墓被人盗掘，一时朝野不安，以为他一定会为此报仇雪恨。此事也是鱼朝恩指使人所为。但郭子仪还是不动声色，隐忍求全。在皇帝对他吊唁慰问时，他只流着眼泪说："我带兵打仗这么多年，没能制止住手下士兵的暴行，他们可能挖了别人的祖墓。而今，家父的坟墓被盗掘，这是我不忠不孝而应得的报应，与他人无关。"人作到这个份上，谁能不敬佩呢？

晚年，郭子仪退休在家。一次，相貌奇丑并且心胸狭窄、睚眦必报的卢杞来拜见。郭子仪特意将身边的女眷摒退，而单独与卢杞促膝长谈。就是避免女眷无意间嗤笑卢杞的相貌，以防卢杞得志后报复她们。日后当了宰相的卢杞，果然对过去看不起他，得罪过他的人大肆报复，唯独对郭子仪全家特别照顾，大有报答知遇之恩的架势。

郭子仪一生谦虚谨慎、智仁超群，深解中庸自保之道，所以能一生富贵、持盈保泰，这在历代官员中，很是少见。

成功难，成功后守业更难。创业需要能力智慧，但守业更需要智慧修养。一个人成功后，能做到守好功业，持盈保泰，解除别人的猜忌，保护好自己的名节，安养一生，这是最高的功夫，也是最大的修养。

第六章

事亲以孝天伦乐,家中有爱才幸福

孔子说:"君子务本,本立而道生,孝悌也者,其为人之本与!"认为孝悌乃人伦之根本。

孝悌得好,家庭和谐。

南怀瑾先生说:"父母就比作两个照顾了你二十年的朋友,如今他们老了,动不得了,你回过头来照顾他们,便是'孝'。而'爱'则是兄弟姐妹间的友爱,延伸至朋友,直到社会的温情。"

南先生又说:"天下的爱情难圆满。"

正因如此,我们追求美满的爱情和婚姻。人生有爱,家有幸福,才能美满,才能和谐。

□孝悌为最大人伦

南怀瑾先生说:"父母就比作两个照顾了你二十年的朋友,如今他们老了,动不得了,你回过头来照顾他们,便是'孝'。而'爱'则是兄弟姐妹间的友爱,延伸至朋友,直到社会的温情。"

孔子说:"君子务本,本立而道生,孝悌也者,其为人之本与!"所谓"君子务本,本立而道生",这个本,就是指孝悌。

一个人在家是孝子,那么在外面"好犯上者鲜矣"。他也是一个懂得尊上爱下,心有仁义道德的君子。所以,孔子又认为孝悌为"仁之本"。

孝悌,就是事父母双亲以孝,尊敬侍奉,恭顺服从,即孔子所说的不仅事之以养,而且要"敬、爱、顺"。"悌",就是恭敬、顺从兄长。孝悌,是人伦之根本,也是维护一个家庭和睦的根本前提。以孝悌为本,形成家庭和家庭的文化,成为社会稳定的重要力量。

所谓"老吾老以及人之老;幼吾幼以及人之幼。"由家族文化延伸,形成一个社会的良好道德风气。为什么我国五千年文化绵延不绝?以孝悌为本的家族文化起到了不可磨灭的重要作用。

我国是一个历来重视孝亲的国家。传统社会对"孝悌"的要求极其严格,而且是一个人重要的评价标准。甚至,汉代曾一度"以孝治天下","孝廉"就是一个官位,这个官位以孝为主要的衡量标准。历史上有名的《二十四孝》故事,都是十分典型的孝心故事。

汉文帝刘恒，以仁孝之名，闻于天下。他侍奉母亲从不懈怠，并把家国之情联系一起，以孝治家，以孝治国，其孝心可表，感天动地，所以青史留名。

汉文帝的母亲卧病三年，他常常目不交睫，衣不解带。母亲所服的汤药，他亲口尝过后才放心让母亲服用。

他在位24年，重德治，兴礼仪，注意发展农业，使西汉社会稳定，人丁兴旺，经济得到了恢复和发展，他与汉景帝的统治时期被誉为"文景之治"。

一个君主，能亲自事亲以孝，亲尝汤药，持之以恒，实为难得。可见，孝心不仅是做人的根本，并已经化为他以仁政治国的具体行动中。

中国有句古语："百善孝为先。"意思是说，孝敬父母是各种美德中占第一位的。一个人如果都不知道孝敬父母，就很难想象他会热爱祖国和人民。

子路，春秋末鲁国人。在孔子的弟子中以政事著称。尤其以勇敢闻名。但子路小的时候家里很穷，长年靠吃粗粮、野菜等度日。

有一次，年老的父母想吃米饭，可是家里一点米也没有，怎么办？子路想到要是翻过几道山到亲戚家借点米，不就可以满足父母的这点要求了吗？

于是，小小的子路翻山越岭走了十几里路，从亲戚家背回了一小袋米，看到父母吃上了香喷喷的米饭，子路忘记了疲劳。邻居们都夸子路是一个勇敢孝顺的好孩子。

当今社会，与传统社会相比，孝心每况愈下。子女为了一套房子，可以置父母于不顾，忘记为人根本，同室操戈，兄弟姐妹间不顾亲情，反目成仇，造成了无数家庭悲剧。还有人年过而立，还不能立,还在心安理得地当"啃老"一族。

上不敬父母,随意使唤,对上不孝亲,同胞之间也不尊长,为了所谓的平等而乱了家规,没了家法,家庭多半四分五裂,各自为政,各过各的生活,家庭和睦都成了问题,传统社会的家族文化早已断代。家庭不稳定和谐,没有文化可言,家庭教育无从谈起,那么社会文化呢?可想而知。

认识到这个道理,回溯传统社会中的某些伦理观念,还是有必要我们继承保留的。不必像过去那么礼法严格,但孝悌是必须要讲的,而且应该有它更加具体的规范。否则,我们的后代,都会变得极端自我、自私,或者除了双亲,不知有家庭文化,及家庭与社会文化的关联。

一个孝子,必然是事亲以孝,对父母、兄长恭敬有礼,进退有方,谨慎小心,丝毫不能怠慢,这是作为人子应尽的责任。如此,才能成家立业,才有能力建设好一个家庭。

孝心是根本,往往连着道德仁义礼致信等品质,一个能照顾好家庭的人,在社会上能更好地为人处事,恭敬服从上级,友好礼待同事,善于与人和谐相处,从而促进事业的成功。

□少抱怨，可怜天下父母心

> 南怀瑾先生说："孔子所说的孝，并不单单是养，而且还有敬。"

所谓"百善孝为先"。孝心是一个人立身之本。一般人认为，尽孝，就是在父母年老时，在物质上给予其供给，生病了在床前侍奉，为其养老送终。其实，真正的孝，还有平日的"敬、爱、顺"。一个人平时就对父母恭敬孝顺，与之相亲爱，经常在膝前承欢，嘘寒问暖，是对父母最大的安慰。

当下社会，子女对父母事之以物质上的供给也许不是难事，难的是对老人少了关注和关爱。由于讲所谓的平等，搞得家庭的上下尊卑关系不明，也不守礼敬。

没成家时，一有不顺就向父母发牢骚，尤其是处于叛逆期的年轻人，经常是看着父母不顺眼。不是怪父母对自己关心不够，就是嫌弃父母社会地位不高，没权没势。有的孩子对父母恩将仇报，甚至有一时不愤，残杀父母亲人，这在封建社会几乎是不可想象的——那时，只要一个父母官辖区内发生了这种事情，就要削掉城墙一角，以示羞辱，或者免官罢职。

现在的很多年轻人，已到而立之年，但还不能自立。过去是成家立业，现在年轻人追求立业成家，但立业谈何容易？加之社会竞争激烈，票子、车子、房子都想买，但一般人却没这个能力，于是，怨天尤人。上班了还在向父母要钱，成家也是父母的钱，不少人成了标准的"啃老"族,觉得理所应当似的。成家的呢?不是夫妇照顾父母,而是父母担子更重了,媳妇要婆婆侍候,孩子要父母带,上学要父母接送。现在的父母,没有休息的一天,说他们一生忙碌,一点不为过。

即使是这样,那些不孝子女们,还经常向父母撒气,就像自己生在这个家庭是倒了大霉,父母欠下了他的。俗话说:"养儿方知父母恩。"很多人,不到自己成家有子时,体会不到父母浓厚的养育之恩。而等他真正懂得孝顺了,想尽孝时,往往晚了。子欲养而亲不在,这是人生最大的憾事。

当然,对于大多数人而言,孝敬父母是天经地义,是必然的责任。那么,为什么还有那么多对父母的抱怨呢?原因是,这些孩子还没真正地长大、成熟,还没真正学会自立,不能独立,还没能力,或者说没学会对自己负责任,所以,他感到孤独无助,没有安全感。与别人相比,就自然产生了不平衡,顾影自怜,郁闷不快,进而把这种郁闷迁怒给父母。

人的成长,充满了必经的困惑,由于少不更事,由于没有接受传统的家庭教育,我们大多数人,都有过对父母的叛逆和不敬时期,总是看他们不顺眼,与他们作对。随着日益成长、成熟,当从父母的庇护下走出的我们,经受了一番社会的历练之后,才日益感觉到父母的伟大,感觉到当初自己是多么得幼稚不懂事,曾经带给父母多少伤害啊!天下最不该做的事就是,给爱我们的人以伤害。别人也许会计较,只有父母,从不与我们计较。

随着成熟,我们越来越感觉到父母的正确,自己与父母有着不可割断的亲缘关系。甚至会发现:自己越来越像父母,无论是习惯,还是做人做事的风格。越到后来,你越会发现:生命中那个真正影响自己的人,是谁呢?是父母。每当这时,你才感觉到父母的不容易,他们对自己有着比海还要深的恩情。在心里,自然升起无限的感动,从而转化为强烈的尽孝报恩之情。

有一句话说:"可怜天下父母心。"就是说天下父母的无私和伟大，他们含辛茹苦地养大我们，任劳任怨，付出从不求什么回报。

虽然天下父母的层次不同，但对自己的孩子，绝对是无私的。所谓"虎毒不食子"，没有不疼爱子女的父母，只有不孝不敬的子女。当然，父母也有不是的时候，但父母绝对不会害我们。对此，南怀瑾先生说："对这个我们应理解，或者指出，但是要注意分寸。"这里强调要孝之以"敬"，不要无视尊长、以下犯上，要注意言行的方式，先礼敬之，顺从之，让他感觉到被尊重，以使之更容易接受你的正确意见。

明白了这个道理，我们没有理由不孝敬父母，不但要孝之以养，而且要孝之以"敬"，少抱怨，多尊敬，这样，才是真正的孝子。

孝敬父母，还要尽早从父母的庇护下走出，学会独立、自立，学会对自己负责。当你能够对自己的人生负责时，你才真正学会坚强，真正具备了力量，对父母也就不会生什么抱怨，只会事之以孝、以敬了。

知父母之年，常回家看看

孔子说："父母之年，不可不知也，一则以喜，一则以惧。"

南怀瑾先生在解释这句话时说："对于父母的年龄，儿女不能不知道，父母又增了一岁，儿女应当既感到喜悦，又感到忧惧。圣贤所讲的，我们今天很少有人能做到，这不能不说是一种悲哀。所以，儿女们应该知道父母的生日，在他们生日时，给他们一个惊喜。"

现实中，确实有不少儿女，一直享受父母的关爱成习惯，父母对自己没有要求，也从不索取，使儿女们感受不到父母也需要关爱。父母每年都会为我们过生日，但他们的生日呢？我们很多人想不起来，也记不住。这在当下社会，已经十分普遍。

如果有人为此指责我们，我们总是会说："太忙啦，真是想不起来。明年一定记着给老爸老妈过生日。"可明年呢？依然是想不起来。

但父母呢？他们从不为此对我们心怀抱怨。不要说生日，你能常回家看看，他们就已经很满足了——总是，早早地为我们准备了一桌丰盛的饭菜……父母为我们做了一辈子饭菜，什么时候，你也能做上一桌饭菜给他们吃呢？什么时候，你能早早地想着，父母的生日要到了，我今年给老人一个什么样的惊喜呢？

总是，只有当你经历了与父母的离别，经历了一番事情后，才明白父母的恩情，明白父母也需要我们。他们知道我们忙，不会苛求，

只需要我们——常回家看看。常回家看看，成了忙碌的现代人都难以做到的事情，成为守望在家，翘首以盼的"空巢"父母的一个奢望！为什么呢？为了所谓的事业吗？匆匆忙忙，有家不归。不能不说是现代人的一个悲哀。

我国传统社会，十分注重孝的精神。上自天子，下至百姓，尽孝是头等大事。古代官员有守"丁忧"之规定，就是父母亡故，要请假回家，守孝三年，然后再回到岗位上。为什么要守孝三年呢？这时间按现代人看来，可够长的，有必要吗？可古人认为：有必要。一个人呱呱落地，嗷嗷待哺，父母养育你，至少需要三年，然后你才可能学会跟跄走路，咿呀学语，这三年，是他们照顾你最为细微辛苦的三年，父母亡故，需要你守孝三年，这就是一种回报，至少在形式上的回报，一点不过分。

古人说："父母在，不远游，游必有方。"就是指为人之本，孝心为大。所谓尽忠尽孝，自古忠孝难以两全，人生本有此憾，所以古代官员，一旦有机会，就会尽孝在家，事亲以孝。

现代社会，通信发达，交通便利，人与人之间距离缩短，但人与人之间的感情却在拉大。现代人为了所谓的事业，往往背井离乡，到外面闯荡，父母却都留守在家。竞争激烈，节奏快速，匆匆忙忙、脚步不停歇，也许世界各地跑遍，就是没时间回家看看。家，成为现代人的一个难以割舍的牵挂，而人们却不能不在外面奔波忙碌。这是一种无奈，也是一种悲哀。

其实，我们在忙碌什么？可能自己也不知道。所谓的事业，也许经过一番打拼后，功成名就了，但是父母呢？他们已经老了，错过了多少美好的天伦之乐？也许你会说："未老莫还乡，还乡须断肠。"你只想等到功成名就后，荣归故里，但真到了那一天，你也许会发现：一切远不是自己想象的那么美好，甚至，当你想好好尽孝时，但父母已经不在了。这是人生最大的遗憾。不少人有过这种前车之鉴，天下的儿女们一定要以此为鉴。在父母还健在时，常回家看看。

其实，所谓的孝，也许我们理解错了。父母虽然都望子成龙，但他们更希望你健康平安，一家人和乐美满。尤其是老人，他们所希望儿女给自己的"孝"，绝不是什么名利对虚荣心的满足，不是你对他物质上的丰厚回报，他们已经老了，对吃穿用已经要求无多；他们最需要的是精神上的愉悦，帮助他们排遣人近暮年的孤独——常回家看看，哪怕是听听妈妈的絮叨，老爸的教育，对于他们，都是一种极大的安慰。

所以，真正的孝敬，在细小的生活里，讲也讲不完。真正的孝，不是突然间给父母买了一大堆东西，给父母请了保姆，不是给死后的父母买了高级墓地，而是经常承欢膝下，乐意听老人讲过去的故事，给老人捶捶背，揉揉肩，是给他一个生日的小礼物，是常回家看看。

□行孝要趁早，莫留终身憾

> 南怀瑾先生说："孝就是西方文化中所谓'爱'，也就是回过来还报的爱。"

父母从不要求子女回报，但身为人子，孝敬是天经地义的责任。回报父母对我们的爱，报答他们的养育之恩，每个人都有孝心，但并不是每个人都能做到。

很多人想着，等我事业有成后，再回报父母，既给父母以光荣，又给父母以孝。但是，天下最遗憾的事情就是"子欲养而亲不待"，等你想尽孝时，父母已经不在。很多事情是等不得的，错过了无法追回，是一生的遗憾。孝亲尤其如此。

南怀瑾先生早年因历史的原因，不得不与母亲生离，他到台湾发展，母亲则留在了大陆。一别40载，他最终也没有见到老母亲临终一面。这成为南先生永远无法弥补的苦痛。

改革开放后，南先生的老家温州，多年不通火车，当时的市领导准备兴建温州到金华的铁路，但苦于缺乏资金。

当时的市长刘锡荣(后任浙江省副省长)，想到了南怀瑾，他在海内外有崇高的威望，而且海外有不少学生，就想通过他争取海外投资。当时南先生住在香港，刘锡荣想亲自拜访。

可是，送个什么见面礼呢？刘锡荣了解到南怀瑾是一个孝子，就决定请人用南怀瑾母亲的头发，绣一幅南母的肖像。但南怀瑾的母亲虽一直居住在温州，但当时已经去世。经过一番努力，发现南怀瑾的妻子(南怀瑾离开大陆前的妻子)平时为婆婆梳头时，有心留下了她不少头发，这件好事才得以办成。

刘市长到香港会晤南怀瑾时，揭开一个镜框外的绸子，南怀瑾一眼就看到：这是他母亲的肖像。顿时激动万分，"扑通"一声，跌跪在地。当他得知这肖像是用他母亲的头发绣成的，更加激动不已。当场表示，一定要为家乡做一些公德之事。此后，通过南怀瑾的关系，温金铁路顺利筹资约5亿元人民币，并于1994年建成通车。

由此，可看出南先生对母亲的思念之情。由于历史的原因，生前没能事亲尽孝，死后只能抱憾终生。古人说"发肤受之于父母"，我们一定要珍惜。而父母的发肤呢？对于孝子来说，当然是珍宝。所以，当南先生看到母亲的头发时，如获珍宝，激动异常。这激动有着永远无补于事实的遗憾，更有一个孝子对母亲的无尽思念。

人的生命有限，不要以为自己年轻、身强力壮，就不关注父母，以为父母的日子还早着呢。人生际遇无常，谁也不知未来会发生什么事。面对生命，人永远无法做到准确预测，永远无法做到回避偶然可能发生的错误。

为了避免"子欲养而亲不待"的"错误"和痛苦在自己身上发生，奉劝天下的儿女们，尽孝要趁早，不做事后的孝子，免得遗憾终生。

□真爱往往难圆满

> 南怀瑾先生说:"爱情的哲学基本就是自私,人类的我执。爱情在文学境界是幅画,这幅画是理想的,很美。但是看遍古今中外所有的爱情故事,几乎没有一个是圆满的。"

现实生活中,确实存在着这种情况:真爱往往难以结果,有情人难成眷属。真爱往往因其太纯太美而不为现实所容,所以往往没有戏剧中人们的"大团圆",那不过是人们的美好期望。现实是残酷的,对于爱情也同样如此。

爱情是人生中最美丽的风景,每个人都向往美好的爱情。人的一生,曾经真正地爱过,就不枉此生。但是,遗憾的是,并不是每个人都有幸拥有真爱,而且真爱也往往是热烈的,难有结果的。正是从这个意义上讲,真爱难求,是真正的可遇而不可求;真爱是有生命力的,往往因其短暂而更值得人留恋和珍惜。

那么,真爱是什么?应该说就是气味相投,什么是气味相投?就是一见钟情,似曾相识,一拍即合;是两情相悦,心有灵犀,是不由自主地想对方,而同时他也正在想你;真爱不只是甜蜜,也有情感相猜的纠结和苦痛,有欢笑也有眼泪;真爱是自私的,但又是伟大的——不由自主地被对方影响,并心甘情愿地改变自己,向他靠拢……

千百年来,人们对于爱情,没有一个准确的定义,但却有着丰富的、永远探索不尽的内容。可见，爱情是多么个人化的东西，它完全是自己的情感体验，所以，对于爱情的理解，全在于自己的心中。

爱情也完全是个人的，他人没有办法看清你们的爱情，所谓的评议也完全如隔靴搔痒，不得要领。是不是有真爱，他是不是合适自己，只有自己最知道。但有时，爱情会让一个人的智商陷于迷茫。有时，自己也搞不清，想问：我们真正相爱吗？在对方不能属于自己，走进婚姻时，相爱的双方往往彼此猜忌，因为彼此在意，所以，纠结不断，分分合合。

你们是否相爱？怎么才能确信？其实，根本不用去进行思维的分析，因为爱情是感情的事，感情的事不是理智能解决的。只管问问自己：有没有感觉？彼此有没有感觉？这就够了。那么什么是感觉？就是"来电"，一种莫名其妙的相互吸引，像磁场一样。所以，真爱，其实又是简单的，复杂的不是真爱，是别的东西，是我们自己把感情弄复杂了，把自己吓着了。

了解真爱不难。但是真爱确实是说不清的，没有道理可言的。你为什么喜欢他？你们如何很好地维系这么美好的感情？是否能走向婚姻……这些都不是人为可以解决的。喜欢一个人确实没道理，也说不清楚，总是充满神秘，人们无法解释，所以归之为缘分。是这缘分让彼此无条件地喜欢。就此意义讲，真爱确实是可遇不可求的，不是人力所能解决的问题。例如，你喜欢一个人，但是对方不喜欢你，虽然你努力追求，付出很多辛苦，但是对方还是对你不来电，没感觉，无法与你产生共鸣。或者两人的感觉一前一后，节奏不协调，不能合拍，同样奏不出完美的爱情音乐。所以，真爱不仅是气味相投，如磁场般的吸引，还要产生共鸣，有相同的调子，节奏合拍——这样说来，真爱确实是相当的不易了。所以，真爱值得珍惜。

茫茫人海，凭什么你们走到一起？只能说是气味相投。人的一生，能有几次这样美好的感觉？能有几个这样的相遇？只能说靠运气和缘分。

爱情既然没道理，所以，自己喜欢一个什么人，自己事先并不真正知道，也不是可以预设的。比如你事先想着，一定要找一个白马王子，但最后，却发现你喜欢上了一个完全不一样的男人！甚至，喜欢上了一个骗子、一个坏蛋。应该说，爱情也不是找来的。你努力寻找时，可能偏偏找不到；你无心之中，却可能遭遇到人生的真爱。真爱是等来的，当它来时，挡也挡不住，与时间长短也没关系，或者日久生情，或者一见钟情，而后者往往给人更强烈的感觉。

所以，真爱不是人为的，没道理可言，甚至与人品、道德都无关。也许不应该受到道德的谴责，但在真爱面前，所谓的道德和舆论，可以对它进行打压，其实并不能真正浇灭它，并不具备真正的征服力量，这就是真爱的不可思议处。

爱，虽然是自己的一种感觉，很自我，我们也主张有爱就大胆地爱，但是，应该明白，爱也有错觉时，那就是——你爱上了一个不该爱的人，或者是一个没有结果的爱，一份不受道德和社会舆论支持的爱，那么，就理当回归理智，因为这种爱情是不健康的，只能给双方带来伤害，对这种感情要学会忍痛割爱，快刀斩乱麻。

应该说，真爱不只是吸引，不仅是气味相投，两情相悦，更有一种知己之交的成分——在对方的身上，既能看到自己的向往和理想，又能看到自己的影子，即所谓的互补和共通。人世间，再也没有这种关系更让人感觉美好的，似曾相识，总是那么熟悉、亲切、可感，并充满神秘和浪漫的美丽。什么是人生的幸福？这就是。

真爱，往往会让人发现自己的力量，也感觉到幸福，人生的美好；生命激情由此激发，产生巨大的能量。所以，真爱往往能促进一个人的生命活力，很多伟大的创造工作，背后往往有爱情的激发作用。可见，爱情的力量。

真正的爱情，其实与金钱、名利、地位等外在因素无关，完全是精神层面的相互吸引。也正因其完美，所以往往为严酷的现实所不容，往往要经不住现实和岁月的考验。现实生活中，如罗密欧与朱丽叶，梁山伯与祝英台那样轰轰烈烈的爱情毕竟是少数，那只是艺术家的戏剧，毕竟不是生活，也不是生活中爱情的常态。现实中的真爱，往往经不住现实的考验，就此意义而言，真爱又是脆弱的。

"情到深处人孤独，泪转多。"真爱是甜蜜，是轻松，但又是纠结，是累。"自古多情空余悲"，就是说，世上的很多真爱，往往因其美好而难以结果。世上的很多爱情，有的因矛盾而结束，有的因干涉而结束，有的无疾而终，有的因为移情别恋而结束……无论哪一种，都留给当事者以深深的痛苦。所以说，爱情是有生命力的，甚至有人可以这么说：人生不只喜欢一个人，不同的人生阶段，追求的爱情是不同的，谁也没有资格要求真爱必须是忠贞守一、一生不变的，也许应该，但事实也许不是。

爱上了一个不该爱的人，错爱了；或者有情人没成眷属，没能水到渠成地走进婚姻，这是爱情最大的遗憾，这同样是人生的一种遗憾和无奈。

佛家看破人生，对于爱情，是持怀疑态度的。如南先生所说：爱情的确缘于一种感情的我执，或许更可以说，是男女间同时在相互骗自己。而真正的感情，不仅是短暂的，而且是无法进入现实的。这未免让人心凉麻木。我们吃的是人间烟火，我们需要男女感情，男欢女爱，这是人之常情，也是人之大伦。如果灭绝与生俱来的爱欲，是对天性的一种扼杀，毕竟太残忍了。爱情纵使有痛，但我们也乐在其中。倘若没有爱情，一心追求佛家的所谓长生，人生还有什么现实意义？什么是佛？其实它就在我们心中，自己喜欢，过得心安理得，就是对自己最大的成就。人只有活出了自己，才算不枉此生，才可能更多地为别人发光发热。所以，没必要扼杀爱欲，真爱也不可能脱离性，这是天经地义，没必要回避。人生应该充满活力，而不是死气沉沉。所以，有爱时，就投入地爱一次，尽情享受爱的美好。

真爱难求，生命短暂，难以圆满，但正因如此，我们才要追求真爱，珍惜真爱。虽说真爱是可遇而不可求的，但却是可以努力追求的。因为每个人都有追求爱情的权利,也都有机会,重要的是跟着自己的感觉走,能及时抓住它。只要喜欢,就大胆去追求,只要尽了心力,没有结果不重要,重要的是你喜欢,你做了,你曾经拥有。即使是单恋,也不失为一种美丽。著名作家贾平凹曾说"单相思最美",就是对单恋的一种肯定。

热烈而投入地爱一次,忘了自己,这是人生的一种美丽。不在乎结果,只要曾经拥有,如泰戈尔的一句诗所说"我也曾经爱过",就不枉此生。

真爱是宝,对于它,我们一定要珍惜,有爱时,就尽情地去爱,珍惜自己的拥有;没爱时,就洒脱地挥挥手,道一声祝福,说再见,开始新生活。没必要为一个人永远而无谓地停留,那种以爱情为第一的情痴,或者为爱跟自己过不去的自虐或是报复行为,都是对爱情的亵渎,是对自己和对方的极大的不负责任。

真爱是自私的,但完全可以是伟大的。该放下,要舍得放下,解放自己,也解放他人。不属于自己的爱情,或者没有结果的爱情,不值得。如果你真爱他,就会为他好,就不会因爱生恨,扭曲自己对他的爱情。真爱不会恨,恨就是对自己当初选择的否定,是对自己的否定。

只要曾经爱过,就该无悔。把它当作人生必经的一段美好历程,无论是幸福还是痛苦,都把它们消化到自己的思想中,成为自己生活的营养,丰富自己的人生。所以,对于爱情,我们要有积极的、向爱情学习的心态。经历是一种财富,尤其是爱情,往往可以改变自己,极大地促进自己的成长和成熟。

也许一次爱情不成,需要多次,你才能明白自己,也明白自己真正需要一个什么样的爱人,才能找到真爱。所以,真爱难寻,可遇不可求,往往让人寻寻觅觅,蓦然回首,那人却在灯火阑珊处……

而恋爱也是一种能力,也需要学习,学习着恋爱,学会对自己的爱负责,该爱就爱,不爱时就放下;在恋爱中学习,丰富自己,这样的人,才能永葆活力。不会被失恋打倒,也不会失去爱的能力。

爱情虽然值得重视，但爱情是有生命力的，爱情不是人生的全部，人生也许不只爱一个人，当一段感情无望时，就开始下一段。我们的目标是享受真爱，最好是找到那份真正属于自己的，能走入婚姻的爱情。

每个人都有属于自己的爱情，妒羡别人的爱情没有用，积极的办法是，做好自己，散发独特的魅力，培养爱情的能力。还有，千万不要急，相信：有一个人在为自己永远等待。

就像任何事不能苛求完美一样，对于爱情，同样不能理想主义。

□愿天下有情人终成眷属

清朝有个女诗人叫冯小青,她写了一首诗:

稽首慈云大士前,
不升净土不升天。
愿为一滴杨枝水,
洒到人间并蒂莲。

冯小青是个才女,人也长得漂亮,但遇人不淑,嫁人后,才发现丈夫已经有了太太,因此自己做小,抑郁而死。

> 南怀瑾先生说:"冯小青的境界很高,她不为自己的痛苦所困,而是想到了世界上其他女性的痛苦,于是希望自己将来能使人间每一个家庭美满和快乐。"

不论冯小青与丈夫之间是否有真爱,但她的婚姻是不幸福的,至少她没感受到自己想要的幸福,这是事实。她也许对自己的爱情和婚姻要求都太高了,所以失落感更重;也许是她没从爱情和婚姻里找一个结合点或者说意义,所以她感觉痛苦,不能与别人同事一夫;也许是她与丈夫真正相爱,但不能享受完全一对一的完美爱情……无论实际情况如何,都不能改变她的落寞和悲哀。

好在她善于自遣,修道念佛,淡化人生之苦。可贵的是,她能把小爱转化为大爱，不为自己的小爱而耿耿于怀，而是把这种对自我的修炼转化为更高的境界，格调上升，由己及人，希望天下有情人终成眷属。虽然有些虚妄，但毕竟算是心有寄托。

"有情人终成眷属"，这是天下所有恋人最热烈的向往。但是，天下事，往往完美不得，难以圆满。事实是，初恋难以结果，因为青涩；真爱难以结果，因为太完美。能够结果的，往往不一定有轰轰烈烈的爱情，甚至可以没有真爱。"有情人终成眷属"，在很多情况下，只是一种期望，也作为一种追求。事实上，与所有事一样，这种事只能是"事在人为"，但"成事在天"。

爱情和婚姻的确不同。应该说，相爱的两个人，也许并不适合婚姻；适合婚姻的两个人，也许不需要那种刻骨铭心的爱情。爱情是两情相悦，精神上互补相知；婚姻是彼此欣赏并包容，让彼此轻松，能够协调，适合一起过日子。

爱情和婚姻是两个不同层面的东西。爱情更侧重于精神层面，以感觉为主，充满神秘和浪漫，而且往往是有生命力的，甚至可以说它是短暂的；而婚姻以爱情为基础，这爱情多半已经转化为感情，这感情是需要细水长流的，要经受时间和生活琐碎的考验，相濡以沫的婚姻最能说明两个人的爱情程度和感情深度。

爱情是一种玩乐和享受，从不会考虑现实，而婚姻以现实为基础，是要实实在在地过日子。爱情的彼此必定还有不了解的地方，因神秘而美丽，婚姻的彼此是必定要经历相互了解和磨合的，没有了神秘和距离感，因此感情也显得没那么美好和浪漫。

仅仅是感觉上的爱情，因其太虚幻，其实是靠不住的，也是不正常的爱情；仅仅为了过日子的婚姻，因其太平实，其实是难以长久的，也是靠不住的婚姻。只有经历过爱情和婚姻后，才明白爱情和婚姻的区别，才明白爱情很多难圆满，有爱情不见得能走入婚姻，有婚姻不见得有那么热烈的爱情。随着成熟，我们明白了理想和现实的差别，太完美的爱情走不到婚姻，其实爱情和婚姻都是可以单纯的，不单纯的只是我们总是试图把二者联系在一起，有一种完美要求——有情人终成眷属。事实上，天下的很多爱情走不进婚姻，而且很多爱情不适合走进婚姻，经不起现实的考验。

所以，我们抛弃了完美主义，真正长大了后，对爱情和婚姻的理解也会变得客观和理智。最好的状态应该是，找到爱情和婚姻的结合点，有爱情，还要适合一起过日子，只有二者有机结合，才可能把爱情升华为感情，走入婚姻，有情人终成眷属。所以说，**最好的爱情，是能走入婚姻的爱情；最好的婚姻，是把爱情经营成亲情，难以割舍，变成相濡以沫的坚定同行。**

最靠得住的爱情，也是真正为自己拥有的爱情，是水到渠成地走进婚姻，相伴自己一生的爱情。此时的爱情，是当初那热烈感情的转换，已化为心有灵犀，举手投足间的默契，转为细水长流，涓涓流淌，看似平淡，实则深厚隽永。爱情使两个人在婚姻的历练中，就像左右手，已经不可分离，牵手同行。

什么叫"有情人终成眷属"？这就是，仅凭那种来电的感觉，即所谓的爱情。来电的感觉，毕竟只是一时的感觉，不能长久的。或者像琼瑶小说中那种，为情所生，热烈激动，要死要活的爱情，不仅偏激，也不是常态，终是靠不住的。

也许20多岁时，你还相信并追求这种感觉，但到30岁之后，你有所经历后，会追求一种真正的爱情——一种可以相濡以沫、牵手同行的爱情，这种爱情不仅有感觉，而且更重在感情，重在爱的品质要求。这个品质是什么？除了爱，就是彼此成熟而理智的心态，人生价值观和生活理念的契同，彼此的欣赏和包容，个性和习惯的相互融合，对感情的坚定和建设心态。

有情人要成眷属，需要感性与理性的结合。要善于经营自己的爱情，让爱情顺利走入婚姻，在婚姻中延长爱情，建设性地经营自己的婚姻，这是一种能力，更是一种智慧。这种能力和智慧的前提是：在追求美好的同时，保持一份冷静，让自己的爱情和婚姻时刻保鲜。

□随缘,真爱不必长厮守

南怀瑾先生在讲禅时,说到人与人之间的缘分,说有善缘,有恶缘,有无记缘。无记缘,就是不善不恶的缘,比如有许多人与我们偶然相识、偶然接触,但过去后也就忘了,这就是无记缘。对于自己生命中遭遇到的各种缘分,南先生说:"最好的态度就是万事随缘过。"

人生际遇无常,人与人之间的缘分同样如此。人的一生,不知道要遇到多少人,其中有谁与自己有缘分呢?自己也并不能事先知道。我们都是未卜先知。

漫漫人生路,能有几个人与自己一见如故、一见钟情、擦出爱的火花呢?你能和几个人有这种感觉?实在说来,其实很少很少,甚至有人一生也没能有幸遇到真爱,没享受过爱情的滋味。爱情难得,所以我们珍惜。而婚姻呢?夫妻的缘分则更难。面向世界,茫茫人海,你凭什么跟他走到了一起?素昧平生,甚至是遥隔千里之外,想都没想过,但你们走到了一起,是什么力量呢?如果说是爱情,似乎又不准确,毕竟很多爱情走不到一起。所以,只能说是缘分。

人们常说:"十年修得同船渡,百年修得共枕眠。"夫妻是三生石上的旧相识,不只是爱的吸引,更有一种说不清的来历,让一对完全不同的人走到一起,共同生活,相濡以沫。这是多么大的缘分啊!所谓"千里姻缘一线牵",是缘分把两人最终连在一起,这又是多么大的力量啊!

我们不知道这是为什么,所以归之为佛家所说的"缘分"。因为缘分,我们相信:有个人在为自己永远地等待,相信有个人属于自己。你会发现：寻寻觅觅，千转百回，暮然回首，那人却在灯火阑珊处……一切来得那么辛苦，那么遥远，或者那么快，甚至有些措手不及，还来不及想明白……噢，原来一切的寻觅、一切的转折，都是为了——等他（她）。

这又让你明白，爱情和婚姻都不是努力得来的，而是等来的。虽然事在人为，但不属于你的辛苦也是徒劳，只是这种辛苦，最终会让你明白，也最终会等来真正属于自己的幸福。所以这个等，不是守株待兔的等，是积极努力的等。

一切都是缘分。有缘就聚，无缘就散，缘起缘灭，一切自生。说感情最难，就在这里，说感情简单，也在这里。皆因一个"缘"字。

明白了这个道理，**我们无论是爱情还是婚姻生活中，都不会太徒劳地执著，追求不属于自己的幸福，跟自己较劲，也跟对方较劲，给自己加压，太累，不值得。让感情随缘。**

但是，人要做到放下，很难。尤其是感情，更难。生活中，我们经常看到，失恋者不能放下，穷追不舍；或者耿耿不能忘怀，失去再爱的能力，无法开始新生活。有的夫妻，视对方为自己私有财产，不给对方私有空间；或者为一点小事就计较，大而化之，彼此不能包容……所有这些男女感情中的现象，是一种对自己、对他人的苛求，是一种求完美而不得，却在勉强自己和对方，都是一种无谓痛苦的"我执"，放不下，舍不得。所谓庸人自扰，人生的很多苦，都是从中而来。

感情既然没什么道理可言，所以，事在人为和付出回报的规律，对它不见得起作用。成功尚且如此，更何况是复杂的感情呢？有时你付出的越多，可能受伤越多——因为对方对你没感觉，或者少共鸣，感觉的节奏不合拍。

爱情不是志在必得，就一定能得到的。也不是你不甘心失败，执著硬上就一定可以得到爱情。有人凭自己的主观努力，事业一步步进展顺利，没受到过打击，或者战胜了一个个打击，一直是自信满满，对于爱情，也同样不甘心失败（其实爱情上无所谓失败）。所以，一旦他喜欢的人没反应，或者反应慢，他就更来劲，反而产生一种强烈的征服欲，不达目的，誓不罢休。越是这样，越让对方望而却步，离你越远。因为这本质上不是在追求爱情，而是在追求自己了。这种追求，是一种好胜心不得满足，自尊碰壁后的不甘心，是在挑战自己，为了证明给自己看，给对方看。或者一定要所谓善始善终，给自尊心一个满足。但结果却是越战越败，最后受伤更重。这是一种不值得的追求，是在跟自己较劲。不肯放过别人，也不放过自己。这种"执著"是一种无谓的愚蠢，是自寻烦恼。

或者你会说：我不在乎结果，我喜欢他，所以付出爱，付出就快乐，这就足够了。但人家不喜欢你，你付出越多，会给他造成压力和负担，让他更烦，所谓"多情反被无情恼"。你自己说无所求，但事实上，爱情是自私的，怎么可能对他没有要求呢？你只求自己付出满足自己的快乐感觉，是否想到了他呢？所以说，这种不管不顾、心甘情愿的爱，也是一种自私。

人家没反应，就该识趣退出。不追求不属于自己的爱，不该执著时，就要舍得，放下。虽然放下自己心爱的东西，会很不情愿、很痛苦，其实这也是在挑战自己，需要战胜自己，战胜这种无谓的"执著"，目的是为了放下痛苦。但因为心中有爱，有"我"，有"执"，往往难以放下，舍不得放弃。但必须放弃，长痛不如短痛。

所以，学会放下，需要很大的勇气和力量。一个人什么时候学会了放弃，就是真正成熟了，达观了，就是明白了南先生所说的"随缘"的道理。

执著，一直以来是我们倡导的，无论是事业，还是爱情。但不是所有的执著都能成功，而执著本身也有个正确与否的问题。有的执著是"我执"，有的执著是钻牛角尖，只有死路一条，就不能提倡。虽然事在人为，但成事在天。所以，一定要明白：天下万物皆有所属，所以不要去追求不属于自己的东西。有此心态，就不会再愚蠢地执著。

事实上，无论是爱情和婚姻，都需要给对方空间，尤其是婚姻，两个人在一个屋檐下生活，怎么可能没有磕碰，怎么可能没有摩擦？完美的要求不可能。只有相互包容。两个人相互透明不可能，也没必要。长相厮守不过是个美丽的梦，或者说是期待。真正的长相守，不是天天粘乎在一起，彼此不给对方空间，而是彼此是一个完整而独立的自己，然后有机结合，才能真正融合在一起。

每个人都是独立的个体，都有自己的个性，还有自己的隐私。对此，恋人和夫妻间必须尊重，要给对方一个空间，让他自由地呼吸，让他做好自己，然后才能开心地与你交融，两个人的共同生活才能美满、快乐。只有每个人独奏出美好的乐音，这样才可能与你合奏出美好的交响乐。 否则，只会给彼此压力。没有了空隙，没有了空间，也就没有了自由，你当然不会开心。

天下没有完美的感情，也没有好得完全重合的感情。是人，都会有摩擦。感情，则更要注意分寸的把握。两个人的感情，既需要合拢，又需要分离，一定要有个弹性的把握。最好是张弛有度，或急或缓，若即若离，彼此相契又要相互有距离，所谓"距离产生美"，就是这个道理。

感情的经营需要智慧，这个智慧就是度的把握。虽说感情很难，但只要把握有度，双方感情会与日俱增，历久弥坚。但如果感情出现了裂缝，而且没法弥补，那么，就不要勉强，最好放下。如南先生所说，缘分没了，让它"随缘"去。

□婚姻之道贵长久

孔子说:"有天地然后有万物,有万物然后有男女,有男女然后有夫妇,有夫妇然后有父子,有父子然后有君臣,有君臣然后有上下,有上下然后礼义有所错,夫妇之道,不可以不久也,故受之以恒,恒者久也。"

> 南怀瑾先生说:"这是孔子的婚姻观。认为夫妇之道,在于能长且久,这样才符合正统。"

爱情也许有玩的成分,但婚姻必须是严肃的。著名的启蒙思想家卢梭曾说:"我不仅把婚姻描写为一切结合中最甜蜜的结合,而且还描写为一切契约中最神圣不可侵犯的契约。"可见无论中外,对于婚姻,都是严肃的态度。这在传统社会,表现得尤其突出。

传统社会中,婚姻一旦结成,一般坚持一生,如孔子所说的"夫妇之道,贵在长久"。古人坚持这个理念,也严肃对待婚姻。即使是三纲五常中所说的"夫为妻纲",对妻子既是一种约束,但也是一种保护。男女感情,追求忠贞不二,相夫教子,夫唱妇随,歌颂那种海誓山盟,地老天荒的爱情。传统社会中,男人主外,女人主内,经常是夫妇两地分离,但双方坚守对爱情的承诺和婚姻的责任,彼此忠诚。男女双方遥遥相望,鸿雁千里寄相思,青鸟殷勤相探看,思念如流水,涓涓长流;爱情在长长的思念和守候中,变得如诗如画,深情隽永。

相比而言，现代人的婚姻，可是自由和随便得多了。自从"五四"以来，西方的价值观进入我国，个性解放和平等的呼声日益高涨，传统的婚姻观在一片打击声中偃旗息鼓，被新时代的婚姻取而代之。一夫一妻制的婚姻，彼此平等，相亲相爱，按说是很好的事情。但是，经济大潮的袭击，人心不古，欲望膨胀，人们婚姻观念也发生改变。最突出的就是对待婚姻不认真严肃，婚姻中的责任感不强。闪婚闪离，离婚率攀升。夫妻间互不忠诚，感情在欲望面前经不起诱惑，动辄出轨。男人不讲责任，无情无义；女人不讲忠贞，不守妇道。孩子的教育成为问题，家庭的稳定无从谈起。作为社会细胞的家庭和谐出现问题，自然会带给社会不稳定的因素。

现代人追求所谓的个性和解放，追求所谓的感觉和爱情，追求所谓的人生幸福，感觉人生只爱一次，似乎太亏自己，所以，面对选择时就不能把握自己。人生苦短，幸福最重要。于是，男人追求"家里红旗不倒，外面彩旗飘飘"；女人追求独立和安全，更追求美丽和魅力，耐不住寂寞，也不坚守爱情。

表面看来，女人的社会地位是有提高，但事实上，女人的所谓坚强独立，做自己的事业，都是一种无奈之下的选择，为了保护自己——婚姻太不牢固，没有安全感。女人对在外面的男人不放心，男人日益也表示出对女人的怀疑。彼此不信任，不忠诚当然会发生。所以，女人感到，现在的男人有情有义的少，能负责任的少，没有可靠的男人；而男人也感到，现在的女人纯洁忠贞的少，能耐住寂寞的少。

所以，男女在外花心，感情出轨，似乎已经成为当今社会的一个司空见惯的现象了。离婚也节节攀升，结婚就跟玩过家家似的，没有一点负担，也似乎不留什么痕迹。好像一离，就一定能找到真正的爱人似的。但这么做的结果怎样呢？无论男人，还是女人，结果很难预测。感情本就难，重新再来，当然选择的几率更小了。

不知道是选择多了，还是要求高了；不知道是社会出现了问题，还是人心出现了问题……

所谓"情人眼里出西施",相爱的双方,在对方的眼里永远是天下第一,是自己的宝贝。等到进入婚姻,双方距离感没了,缺点发现了,摩擦多了,真实的东西多了,美感少了,心里就自然会产生一种落差:这是我当初选择的人吗?在柴米油盐和锅碗瓢盆的琐碎而冗长的日子中,当有一些不快发生时,人们甚至会怀疑自己当初的选择。所以有人说:"婚姻是爱情的坟墓。"

与爱情相比,婚姻更需要经营。而且,这种经营更需要智慧。对于不善经营婚姻的人来说,他会说"婚姻是爱情的坟墓"。但对于善于经营的人来说,他们建设性地经营婚姻,婚姻是双方爱情的延伸,是两个人共同合奏出一曲优美的音乐。

其实,婚姻只要不存在原则的问题,感情只要没出现破裂,都是可以经营好的。问题的关键在于要有一个建设婚姻的心态。你用心经营,好好建设,就能让婚姻幸福美满。

有人说:"婚姻是道菜,自己做出来。" 幸福是自己用手做出来的。夫妻的感情,就像家常菜,吃久了也许会烦,想换换口味,但几天不吃,一定会想,其实你是离不开家常菜的。为什么?就因为家常菜是自己做出来的,适合自己的口味,所以久吃不腻。

夫妻的感情就是这样,这就是家庭的温暖,也是家庭的魅力所在。所以,你是否幸福,全在于你以一种什么视角看待婚姻和爱情,你怎么看,就会有什么样的感觉,是什么感觉,全在于你自己——换句话说,你与什么人结婚,幸福与否只有你自己知道,能不能幸福也在于你自己的经营。

对于一个有能力经营婚姻的人来说,只要彼此喜欢,有感情,能合拍,那么,与什么人结合都一样,都能幸福。**你想幸福了,那么就能幸福。** 这就是说,感情复杂,但可以单纯,最复杂的,往往也是最单纯的。对于有智慧的人来说,能把复杂变为简单。

一个真诚而活的人,不会轻易选择,一旦选择会善始善终,而且会为自己的选择负责。对于爱情和婚姻，也同样如此。他懂得珍惜并分寸地把握，懂得如何让自己的婚姻幸福，家庭美满。

茫茫人海，两个人能走到一起，组成家庭，这是一种很浓厚的缘分，我们一定要珍惜，对此心存敬畏。而且，婚姻既是一种有法律效应的契约关系，也更是严肃而神圣的结合，我们一定要共同维护。

严肃对待婚姻，智慧经营婚姻，升华延长爱情，转变为相濡以沫的深情，彼此忠诚信任，欣赏包容，坚守不二，让夫妇之道长久，让家庭和谐美满，促进社会的稳定和谐。

第七章
人生得一知己足矣

　　孔子说:"有朋自远方来,不亦乐乎?"朋友是人生最大的财富,每个人都需要。朋友多了路好走。

　　你接触什么样的人,代表着你的素质和品位。所谓"物以类聚,人以群分。"你需要交什么样的朋友,自己一定要明白,需要有选择性。

　　南怀瑾先生在解释"以文会友,以友辅仁"时说:"交朋友要交志同道合的朋友,交朋友的目的是为了彼此辅助,达到行仁的目的。"

　　朋友不必多,但要精,人生得一知己足矣。

□交人交君子，始终有益

孔子说："益者三友，损者三友。友直、友谅、友多闻，益矣；友便辟、友善柔、友便佞，损矣。"

> 南怀瑾先生解释说："世间每个人都需要朋友，朋友有益友与损友之分。友直、友谅、友多闻，是对自己有益的朋友。"

"友直"，就是讲真话的朋友；"友谅"，就是个性宽厚、能原谅人的朋友；"友多闻"，是见识广阔、知识渊博的朋友。

南先生提倡君子之交，而不与小人来往。

朋友是人生的最大财富，每个人都需要。俗话说："朋友多了路好走。"有朋友在，人生不会孤独。亲情无法选择，但朋友可以选择，所以说，好的友情甚至可以超过亲情。所以，友情对一个人的助益是很大的。

但是，社会和人心复杂，各色人等良莠不齐，你究竟交什么样的朋友，并不是每个人都清楚。所以，交友一定要慎重，否则可能会给自己带来祸患。所谓"人心隔肚皮"，如果不清楚，可能会被所谓的"朋友"出卖、利用。所以，朋友一定要慎交。

那么，怎么样就算是好朋友呢？也许开始我们并不明白。只有共事，才会了解彼此；只有当你遇到困难时，才会发现，平常的朋友突然不见了，而此时，那个真正的朋友才会出现。世态炎凉，人情多势利，总是趋利避害的。一个人能在患难中拉你一把，这个人才是真正可交。所谓"患难见交情"，此言不虚。

平常彼此间乐乐呵呵、客客气气，经常在酒桌上聚会的，未必是真朋友；经常礼尚往来的，也未必是真交情。这其中，真正的朋友能有几个？彼此间多是逢场作戏，享受的是浮浅的乐趣而已。

真正的朋友是意气相投，或者志同道合的，如古人所说："君子之交淡如水。"平常并不见得有那么多频繁的礼尚往来，总是若即若离的样子，看上去很平淡，彼此沟通也多是精神层面的交流，很少有物质上的来往。这样的朋友，是真正的气味相投，是彼此欣赏并互相砥砺，可共话人生。所谓"道不同，不相为谋"，交朋友，还是交志同道合的朋友。

真正的朋友，确实是一种缘分，一见如故，相见恨晚。所谓"酒逢知己千杯少""高山流水"，得遇知音，这样的朋友，如果自远方来，当然是"不亦乐乎"！这样的朋友，也是可遇而不可求的。人生中，这样的朋友也很少，所谓"知己难求"，有知音的人生，是快乐的人生，所以古人说："人生得一知己足矣。"

真正的朋友，既然不是随便可以找到的，当然说明交朋友是有选择性的，也不完全是你与人为善，你想与人交好，就可得到对方的友情的。两个没有共同语言的人，不可能成为朋友。平常我们动辄叫"朋友"，或者"哥们"，其实不过是一个礼貌的称呼，真正的朋友是很少的。

交朋友是要有选择性的。古人说："交人交君子，始终有益。"所谓"近朱者赤，近墨者黑"。你接触什么样的人，代表着你个人的素质和品位，也必然会对你产生耳濡目染的影响。

《论语·里仁》云："见贤思齐焉。"就是说，向圣贤看齐。见到道德高尚的人，就自然会受到影响，自觉以他为榜样，努力向上。所以"近朱者赤"。

欧阳修是北宋著名的文学家、政治家。在颍州当长官时，他手下有一个名叫吕公著的年轻人。有一次，欧阳修的好友范仲淹路过这里，便到他家中拜访，欧阳修邀请吕公著一同待客。席间，范仲淹对吕公著说："你能在欧阳修身边做事，真是太好了，你应该多向他请教作文写诗的技巧。"吕公著点头称是。此后，他用心学习，并不时求教。

一个人如果与人品低劣的人为伍，也会受到恶劣的影响，品性改变。所以"近墨者黑"。

解放前，一位名叫穆时英的青年作家，写了一本揭露旧社会黑暗的小说《南北极》，轰动了文坛。但是当他到了十里洋场之后，受到那种腐朽生活方式的影响，竟也歌颂起了纸醉金迷的生活来。结果后来再没看到他有好作品出现。

你适合交什么样的朋友，自己一定要明白。只要有心向善，见贤思齐，与正人君子结交，那么人生必定会受益无穷。

□ 与朋友善始善终

孔子说:"晏平仲善与人交,外而敬之。"

> 南怀瑾先生解释说:"孔子非常佩服晏子对于交朋友的态度,他不轻易与人交朋友,但如果交了一个朋友,就会全始全终。我们每个人都有朋友,但全始全终的很少,新朋友在增加,老朋友在流失,正所谓:'相识满天下,知心能几人?'"

晏子是我国春秋后期一位重要的政治家、思想家、外交家。他机智过人、能言善辩、忠君爱民。晏子值得后人学习的地方很多,他的交友之道就很值得我们借鉴。

晏子从不滥交朋友,但如果相交,就会善始终,一生不变。当然,晏子能正确识人,是他交友长久的关键,但更重要的一点是他对待朋友"久而敬之"。交往时间越长,他对朋友就越恭敬有礼,因此别人也就对他越来越尊重。"久而敬之"说起来容易,做起来很难,晏子却终生坚持。所以,晏子虽不轻易交友,但他朋友很多,又都情深义重,有不少人甘心为他效命。北郭骚就是其中之一。

据史书记载,北郭骚是春秋时期齐国名士,对父母很孝顺,是出了名的大孝子。但他的家境清寒,以至于到了无钱奉养老母的地步。于是,他慕名拜访名相晏子,希望能得到一些粮食奉养老母。晏子久闻其名，觉得他人品很好，很乐意交他这个朋友。不但热情接待了他，又送他很多粮食和金钱，北郭骚谢绝了金钱收下了粮食，两人从此成为好友。不久后，晏子遭谗言被齐景公猜忌，逃亡他国。路过北郭骚家，晏子进去告别，阐述了事情的经过。但北郭骚只说了一句话："请好自为之。"言毕送客。

晏子走后，北郭骚找来自己的朋友，告诉他说："我仰慕晏子道义，与之相交。如今晏子被无端猜忌，我将用生命为他洗清冤屈。"北郭骚换好衣服，请朋友携剑和竹匣跟随其后，前往王宫拜见景公近臣。在王宫里，北郭骚慷慨激昂地说："晏子是名闻天下的贤相，因他在，其他国家畏惧不敢侵犯。若他出亡，齐国必遭侵犯。我不想看见国家生灵涂炭，我愿用我的生命为晏子洗清冤屈。"说完，便自刎身亡。景公见此情景非常后悔，亲自驾车去边境追回了晏子。

这其实说明一个如何经营友情的问题。晏子不轻易与人结交，说明他交友有很强的选择性。但一旦与人结交，就一定要善始善终，与人保持良好的关系，彼此间的沟通日益加深，友情也历久弥坚。他真诚而智慧地经营友情，当然得到了真正的朋友，而且是以死相报。他的交友之道很高明，很成功。

现实生活中，也许不难做到结交很多朋友，但很难做到保持长期的联系，保持长久的友谊。有一句歌词说："结识新朋友，不忘老朋友。"我们是不断结识新朋友，但老朋友也在不断流失。能保持长久联系的，很少了。这不能不让人感叹——友情也如世态人情，能经受住时间考验的实在太少。

世态和人情在变，很多人的友情也在变，在人生的种种遭际和变故中，朋友也往往变得日益零落，如李叔同那句有名的歌词中所说："知交半零落。"我们失去了多少朋友？曾经的好朋友、儿时的玩伴、患难的知交、萍水相逢的朋友，你还能记得起来吗？你们是否还保持着联系？在浮躁的背后，当你一个人静下心来，感觉孤独时，是否会想起他们？是什么使你们中断了联系，中断了宝贵的友情……

　　人们常说："人是旧的好，物是新的好。"每个人其实都有一份恋旧情结，对朋友也是，我们儿时的玩伴、青春的朋友，往往连着自己最美好快乐的人生岁月，所以往往能保持一生的纯洁友情。对于这种友情，一定要倍加珍惜，千万不要让它在岁月中流失殆尽。还有，你成年后，尤其是中年后结识的朋友，一般来说，也是一生的朋友，一定要珍惜。

　　朋友即是财富，就需要经营。只有经营，才会让财富增值。当走过一生，活到最后，竟然发现没有一个真正的朋友，那是多么失败而落寞的事情啊！不要等到最后空悲切。所以，一定要好好经营友情，平时保持联系，多沟通往来，让友谊日益浓厚。

　　每个人都应该想一想。如果你真诚生活，也要真诚对待友情，不要因所谓的忙碌或者变故，日渐疏远自己曾经的朋友。把他们重新"拾"起来，让生活更加幸福快乐。

　　现在，你不妨找个时间静下来，好好回想一下、整理一下自己的朋友，建立一个朋友档案，把朋友们分层级地管理，尤其要找出最知心的朋友，经常保持联系，做到善始善终。

□ 亲如蜜与淡如水

孔子说:"唯女子与小人难养也,近则不孙,远之则怨。"

南怀瑾先生解释说:"应该把握好分寸,其实干什么都应该把握好分寸。交友不能太疏远,也不能太密切,应该是心里有友,但是不侵犯别人的生活,也就是所谓的'亲如蜜而淡如水',亲得像蜜一样,关系好,但同时淡如水,彼此都很自由。"

朋友之间的关系?应该如何把握?两样涉及一个度的问题。古人说:"君子之交淡如水,小人之交甜如蜜。"君子之交,平淡似水,没有那么势利,也不功利,甚至礼尚往来也不多,注重的是精神层面的交流与沟通,看似平淡,实则友情深厚;一旦朋友有难,也会立即"拔刀相助",嘘寒问暖,有情重义。而小人呢?总是物利当先,以利为目的而合作,所以彼此格外殷勤,成天热热闹闹、乐乐呵呵的,彼此礼尚往来,很是亲密,但一遇事情,就趋利避害、不讲情义,万事以自保为主。我们提倡君子之交,而不与小人交情。

现实生活中,我们大多数的朋友,并非是君子之交,纯粹小人之交也并不多,大多数是平常之交的朋友。对于哪个是真正的朋友,哪个是客气的朋友,每个人想必心中有数。

把握好朋友关系,也是需要智慧的。不是越亲越好。朋友间相亲近,就应该如君子的"平淡似水",不亲不近,若即若离,一定要保持适当的距离。而不能似小人之交那样，过分亲近"甜蜜"，一旦过分，你反而会受到伤害。有句话说："最亲密的朋友，往往是你最可怕的敌人。"你因为亲近信任朋友，会因此而对他放松了警惕，反受其害。朋友的出卖或是陷害，往往是致命的。人心隔肚皮，在利益面前，没有永远的朋友，也没有永远的敌人，只有永远的利益关系。古往今来受亲近朋友或同事相害的，不在少数。苏轼就曾受到同事兼朋友沈括的陷害。

宋代的沈括，是我国著名的地理学家、数学家、化学家、医学家，他写了著名的《梦溪笔谈》，在科学上创造了不朽的成绩。

然而，沈括的人品却不怎么样，他是一个检举揭发的"高手"，非常"小人"地干过文字狱的勾当。他政治嗅觉异常灵敏，善于在别人的诗文中嗅出异味，捕风捉影，从而"上纲上线"。那么，沈括检举揭发了谁呢？就是大文学家、他曾经的同事和朋友苏轼。

南宋初王铚在《元祐补录》中记载了沈括的这一丑事。

沈括生于1031年，大苏轼五岁，却晚他六年中进士。中国科学与人文的两位大师很有缘分，在"皇家图书馆"做过同事。

短暂的同事经历后，苏轼于1066年父丧后回乡两年多，等他再返回东京，就与沈括走上了不同的政治道路。1069年(宋神宗熙宁二年)，王安石被任命做宰相，进行了激进的改革。沈括受到王安石的信任和器重，担任过管理全国财政的最高长官三司使等许多重要官职。苏轼也赞成改革，却是温和的"改革派"，与改革总设计师王安石意见相左，他与"保守党"领袖司马光一起，组成著名的反对派。

由于获得了皇上的信任，王安石的改革自是无人能挡。1071年，苏轼被下放到杭州。当时，他已经是著名的文学家。其间，沈括作为"中央督察"，到杭州检查浙江农田水利建设。临行前，宋神宗告诉沈括："苏轼通判杭州，卿其善遇之。"

虽政见不同，但苏轼还是把沈括当老同事、好朋友，热情款待，沈括也表面知善，"与轼论旧"，还把苏轼的新作抄录了一通。

但他回京后，立即用附笺的方式，把认为是诽谤的诗句一一详细地"注释""发现"，并说明这些诗句居心叵测，反对"改革"，讽刺皇上之意，然后拿给皇上看。

很快，苏轼就因在诗文中"愚弄朝廷""无君臣之义"而被投入监狱，险些丧命。如苏轼歌咏桧树的两句："根到九泉无曲处，世间唯有蛰龙知。"——皇帝如飞龙在天，苏轼却要向九泉之下寻蛰龙，不臣莫过于此！

这就是文字狱历史上著名的"乌台诗案"，牵连苏轼30多位亲友，涉及他100多首诗词。

当然，沈括不是苏轼入狱的主谋，主谋是王安石手下的李定、舒亶等四人。但他是始作俑者，"乌台诗案"正是以沈括上呈的那些"发现"为基础的，"其后李定、舒亶论轼诗置狱，实本于括。"

沈括为何要陷害苏轼呢？按照余秋雨的说法，"这大概与皇帝在沈括面前说过苏东坡的好话有关，沈括心中产生了一种默默的对比，不想让苏东坡的文化地位高于自己。另一种可能是他深知王安石与苏东坡政见不同，他投注投到了王安石一边"。

他陷害苏轼却是由于道德操守不够，进入政治漩涡后，随波逐流、耳濡目染的结果。很不幸，王安石改革大旗一挥，从者却多为李定、舒亶、何正臣、李宜等不讲"费厄泼赖"精神的投机政客，也是官场大酱缸中无所不为的高手。他们对不同政见者不择手段，而且，风向转的时候，对于自己的战友也同样残酷。

900多年前王安石领导的改革，想一举改天换地，挽救宋朝。只可惜，这剂革命的药太猛，还把沈括这样的人裹挟进去，制造了文字狱的恶劣案例。而后，这样的恶的智慧和传统到了明清两朝被发扬光大。做过和尚的朱元璋对诸如僧、光、亮、秃之类的词语很是忌讳，常州府学训导蒋镇作《正旦贺表》中有"睿性生智"一句，因"生"与"僧"同，被斩。到了清代，一句"清风不识字，何故乱翻书"，害得多少人为此而丢了性命。

无论出于政见不同，还是妒嫉，沈括陷害曾经的同事和朋友苏轼，却是事实。可见此人的人品并不高。但也是因为了解苏轼，并在苏轼没防备时，抄写下他的诗句，给了他所谓的构陷"证据"。

朋友之间，当然要以真诚为原则，但真诚不必推心置腹、和盘托出，亲近不是形影相随、不分彼此。朋友间必须有各自的空间和隐私，而且一定要保守朋友的秘密。朋友因为信任你才告诉自己的秘密，千万不能把这秘密扩散，这是对朋友最大的伤害。

另外，朋友间互相帮助，有事相求，也是正常的。只要不涉及原则，理当积极成全。但如果涉及原则，而朋友又满心希望你答应时，就要学会婉转地拒绝，做到既不能伤他的心，又能维护自己的原则。

富兰克林·罗斯福在海军部门工作时，有一位他在杂志社的朋友来采访他，想从他这里打探到潜艇基地的秘密。

富兰克林微笑着问友人："你能保证保守秘密吗？"

朋友以为得到这宝贵的第一手材料没问题了，十分高兴地答道："当然了。我能。"

但富兰克林却不紧不慢地只告诉了他三个字："我也能。"巧妙地拒绝了朋友。

朋友间保持亲密，但是有间，这样才能弹性地把握好与朋友的关系，让友情在快乐中成长。

□ 一诺千金，朋友交于义

> 南怀瑾先生说："人无信不立，人与人之间是要讲信义的。"

在讲到司马迁对古代游侠的欣赏态度时，南先生也表示认同，游侠们重情，讲信义，行仗义，扶危济困。比起那些满口仁义道德，但不做实事的人要强得多。

诚信是做人之本，古人说："人而无信，不知其可也。"又说："精诚所至，金石为开。"志诚守信，乃立身成名之本。所谓"一诺千金"，贤人君子平时寡言，不轻易然诺，一旦承诺，必然谨守兑现，一旦决定，绝无悔改之意。而信，又往往与义连在一起。做人做事，都要讲信、重义。而信义，当然与道德连在一起的。如果缺信少义，就可能缺德无道，那就根本无法立足于社会。

我国古代，十分重视义的人格精神。尤其是在为人处事上，更加强调义的精神。所谓"朋友交于义"，没有义，就交不成朋友。无论是荆轲慷慨激昂的"事为知己者死"，还是刘备、关羽、张飞的桃园三结义，都体现了一种同道相连，誓死与共的人情道义。无论是血性男儿，还是巾帼英豪，为了一个义字，可以弃金钱如粪土，视名利如浮云。所谓"君子笃于义而薄于利"，真正的义者从来都是以义当先，人格不倒的。

因为讲信义，所以他们交到志同道合的朋友，共同创造了丰功伟绩，可见朋友信义的重要性。

古人交朋友，十分重情义，讲信义，而且一诺千金，绝不食言，高山流水的故事至今仍令人感动。

八月十五这天，俞伯牙奉晋王之命出使楚国。

当他乘船来到汉阳江口时，遇到风浪，只好停泊在一座小山下。晚上，风平浪静，月明星稀，美景宜人。俞伯牙琴兴大发，拿出随身带来的琴，弹了起来。

一曲又一曲，他完全沉醉琴声中，几乎忘我了。正恍惚间，他猛然感觉到对面似乎有一个人，站着一动不动。不禁吃了一惊，同时手下用力过大，"啪"的一声，琴弦断了一根。

只听岸边那人大声地对他说："先生，您不要疑心，我是个打柴的，回家晚了，听到您的琴声，十分动人，不由就站在这里听住了。"

借着月光仔细一看，那人身旁放着一担干柴，果然是个樵夫。

伯牙心想：一个打柴的，怎么会听懂我的琴呢？于是问道："你既然懂得琴声，那就请你说说看，我弹的是一首什么曲子？"

打柴的笑道："先生，您刚才弹的是孔子赞叹弟子颜回的曲谱，只可惜，您弹到第四句时，琴弦断了。"

他的回答让伯牙又惊又喜，没想到他真知道呢。于是，他忙邀请他上船来细谈。

樵夫看着伯牙弹的琴，说："这是瑶琴！相传是伏羲氏造的。"接着，又讲了瑶琴的来历。听他侃侃而谈，伯牙心中不由得暗暗佩服。

接着，伯牙又为他弹了几曲，请他辨别是什么曲子。当琴声雄壮高亢时，樵夫说："这表达了高山的雄伟气势。"当琴声变得清新流畅时，樵夫说："这表达的是涓涓的流水。"

伯牙听了，惊喜万分，自己的琴声，不曾有人听得懂，而今天，这个樵夫却如此明白我的心意。真是没想到啊，在这荒山野岭，竟遇到久久寻觅不到的知音！

于是，他问樵夫姓名，得知他叫钟子期。两人因琴结识，他乡遇知音。他们坐下来，饮酒谈天，越谈越投机，相见恨晚，一见如故，遂结拜为兄弟，约定来年中秋，再旧地相会。

第二年中秋，伯牙如约来到了汉阳江口，可是，他等啊等，却始终没能等到钟子期。于是，他弹起琴来，想以此召唤自己的知音，但还是不见人来。

第二天，伯牙向一位老人打听，老人告诉他：钟子期已染重病去世了。临终前，他留下遗言，要把坟墓修在江边，到八月十五相会时，好听俞伯牙的琴声。

听了此言，俞伯牙万分悲痛。他来到钟子期的坟前，凄怆地弹起了古曲《高山流水》。弹罢，他毅然挑断了琴弦，长叹了一声，把心爱的瑶琴在青石上摔了个粉碎。他悲伤地说："我的知音已经不在了，我还能弹给谁听呢？"从此不再弹琴。

这就是有名的"高山流水"典故。说明知音难求，更说明古人对朋友的诚信和含义，坚守诺言，认真履行，直到今天，这个故事仍感动着后来人。"摔碎瑶琴凤尾寒，子期不在对谁弹！春风满面皆朋友，欲觅知音难上难。"

但到今天，信义受到极大冲击。很多人矫情做作，做人做事不诚信；很多朋友间也为了利益不重情义，不讲信义，所谓的朋友之情也是停留在表面上，表现在利益上，并不能真正让人相信。因为彼此不相信，所以，最终不能交到真正的朋友，这实在是现代社会的一个缺失。

每个人都需要朋友，而如果想交到真正的朋友，就必须讲诚信、守信义，做一个有血性、有情有义的人，否则，你无法安身立命。

□人生得一知己足矣

孔子说:"有朋自远方来,不亦乐乎?"

南怀瑾先生说:"这里的'远'字,是形容知己之难得。"因为知己,才乐。

古人说:"人生得一知己,足矣。"就是说的这种知己,有一个就足够了。朋友不在多,而在精。

但是,"千金易得,知己难求。"知己是可遇而不可求的。现实中,人与人之间的了解很难,每个人都有自己的寂寞,我们的朋友中,知己很少。即使是多年生活在一起的人生伴侣,也不一定做到了解自己,到知己的程度。所以,知己难求。

弘一法师李叔同,有一首著名的词,叫《送别》,后来被谱成曲子,广为传唱。歌词就表达了对人生知己的渴望和惆怅心情:

长亭外,古道边,芳草碧连天。晚风拂柳笛声残,夕阳山外山。
天之涯,地之角,知交半零落。人生难得是欢聚,唯有别离多。
长亭外,古道边,芳草碧连天。问君此去几时还,来时莫徘徊。
天之涯,地之角,知交半零落。一壶浊酒尽余欢,今宵别梦寒。

词中充满人生沧桑感,又有知己难逢的寂寞感。

朋友不必在多,有一个知己就已足够。知己,就是气味相投,或者志同道合，互相了解并欣赏，互相砥励，共同进步，以心灵的交流为主，如君子之交，看似平淡似水，但一旦遇到难处，自然会为朋友两肋插刀。

古人交人，十分讲义气，所谓"朋友交于义"，这里的义，是说有情义，气味相投，志同道合。所以才有那么多生死与共的结拜之交。

其实，友情也是讲缘分的。真正的朋友也是可遇而不可求的。所谓气味相投，朋友首先是相互认同，在彼此身上能找到自己影子的人。所以，看上去是那么亲切、熟悉、可感，以致往往一见如故，相见恨晚，遂结为至交。因为他们的结交是志趣上的、精神上的。所以古人早就说"君子之交淡如水"，酒肉朋友往往不长久，利益之交往往不可信，至于，平日里客客气气、逢场作戏的朋友，就更不可靠了。

真正的朋友无关乎年龄，无关乎财产地位，忘年之交、贫贱之交，就是证明。

你应该找什么样的朋友，适合找什么样的朋友，于自己的成长和人生是否有益，自己应该明白。如果你品位上层，那么，最好还是找同道中人。子曰："**中人之上，可以语上也，中人之下，不可以语上也。**"所以，**你结交什么人，说什么话，当然是要注意分对象的。与人为善，广交朋友应当，但朋友之谊也不必强求，最好随缘**。在不能理解你的人中，一般找不到朋友，也没必要勉强奉迎示好。

朋友自远方来，是一件人生快事。但是，现代人的这种人生体验似乎很难与古人相比。所以南怀瑾曾风趣地说："从一般人到公务员，凡靠薪水吃饭的，是'富不过三天，穷不过一月'。遇上了穷的那几天，朋友要来家里吃饭，当裤子都来不及，那是痛苦万分的事。所以是'有朋自远方来，不亦'惨乎'，绝不是'不亦乐乎'了。"

虽是一句玩笑，但说明现代人生活的一种尴尬处境，也说明朋友间正在日渐疏远。

第八章
解人情世故，识颜色嫌疑

古人说："世事洞明皆学问，人情练达即文章。"就是说学问不光从书本中来，更是从生活经历中来，从社会中来。

南怀瑾先生说："不管是为政还是做事，是要靠人生经验的累积。人生经验的累积成什么东西呢？简单四个字——人情世故。"

人情世故，是每个人安身立命的大学问，必须重视，必须学习。

□人情世故真经验

> 南怀瑾先生说:"中国文化中所讲的'人情',是指人与人之间的性情……是人与人之间如何融洽相处的感情。'世故',就是透彻了解事物,懂得过去、现在、未来。'故'就是事情,'世故'就是世界上的这些事情,要懂得人,要懂得事,就叫做人情世故。"

古人所说的人情世故,是一门做人做事的学问,虽然不成文,但却是每个人经世致用必须要学会的。书本知识不能称得上是真正的学问,只有结合了自己的人生体察,学以致用后,才能成就自己真正的学问。

所以,人情世故是必须要学要懂的。作为人,就要通晓人情,这个人情,不仅是指普遍的人性,更有个性的重视;不仅重视个人天性,尊重其个性,更重视人与人之间感情的沟通和关系的融洽,所谓"和谐",这是中国文化的核心。所以,在外国人眼里,我们中国人最讲究人情了,也是这个方面的重要体现,几千年来,这种文化一直延续至今,无多改变。由此所形成的"礼尚往来"也是一种人情世故的发展,而不是现代所说的"礼上往来"。古人以礼制治国,重视礼教,在人情世故中,得以充分的体现。

所以,南先生又说,古人所说的"人情",绝不是现代人认为的联络私人感情的拍马屁行为;古人据说的"世故",也不是现代人所说的圆滑钻营之意。

现代人不仅曲学了不少西方的文化,而且对于传统文化的东西也曲解不少，实在令人担忧。国学热中，人们学的也多是皮毛。这不仅由于环境，更由于一些人对于国学的"新瓶装旧酒"，重新炒作，商业化利用，以致误导国学，使民族文化的精髓不能真正得到传播。

人生活在社会中，必须学会适应才能安身立命。人情世故是一个人安身立命必须掌握的，否则难以在社会上生存。一个人只有经过社会的历练，才能真正了解到理想和现实的距离，从而正视客观现实，从实际出发，找到理想与现实的一个结合点，在适应现实的基础上有效地改造现实，发挥个人的主观能动作用。

如果你一味维护自己个性，或者嫉世愤俗，不能与周围和谐相处，那就是太自我，太偏激，不谙世事人情，这样不行，会被孤立，也不能成事。现代人，受西方所谓平等、个性的影响，在人情世故上似乎少有关注，也不守礼数。由于家庭教育在人情世故和礼仪方面的缺失，致使年轻人走向社会，往往因不解人情世故而屡屡碰壁。对父母、尊长、上司常有大不敬，礼数不周，结交朋友有失信义，为人处世不知谦恭礼让……只有当他碰了壁后，才明白社会的水有多深，人情世故有多重要！

我国历来是一个文明礼仪之邦，这礼仪连接了人情世故，是一个立身处世，安身立命的重要内容。应该看到，中国有自己的人情世故，而且已经根深蒂固，不是外来文化所能影响的。毕竟中国文化传承了几千年，即便我们已深受西方文化影响，即使改革开放已经30年，但传统的人情世故并没根本改变，老祖宗对我们的影响代代相传，这也正是传统的力量所在。尽管很多传统的东西被曲解，被西方文化所同化，但人情世故并没变。对此我们必须重视。尤其是年轻人，动辄搬用西方的那一套，但结果往往不合国情。西方的很多东西在我们这里行不通，而且也并不一定适合中国国情。作为生活在这片土地的中国人，就必须遵守中国的人情世故。就像"入乡随俗"，任何单个的力量都无从改变这种几千年的影响。

更何况，我们的人情世故十分有人情味儿，也十分人本。为什么这么说呢？因为传统的文化敬畏上天，敬畏生命；既尊重天性和个性，又强调和谐共处，其乐融融；注重个体生命的价值关怀，更注重社会价值的意义追寻，所谓"穷则独善其身，达则兼济天下"，这是对自我的极大关注，十分人本，但又追求建功立业，只有给国家社会做出贡献，接济苍生，才能实现个人生命价值的最大化。强调做事先做人，以道、德、仁义为本，外化为温、良、谦、恭、让等经世致用之礼仪，以此为人处世，安身立命，建功立业。这些，绝对不是停留在理论层面的东西，而是具体化在生活言行中。古人从小接受蒙学教育，学习礼仪之规，这是为人的基础，是很有必要的。

古人把道德仁义作为安身立命之基，而把通晓人情世故作为经世致用之道。道德文章要写，处世经济要学，只有学以致用，理论与实践相结合，才能使人得到真正的成长和成熟。比如，古人重视礼教，对父母兄长尽孝悌，对君主竭诚尽忠，对朋友同仁尊信义，都自有一套严格的礼数规定，各自成体系又相互联系。所谓"温、良、谦、恭、让、信、义"等标准，都是这种礼教的具体体现。今天看来，这种曾经被贬低的封建礼教不无积极的现实意义，因为这就是一个人为人处世的重要言行标准，是真正的人情世故，是大学问。

通晓"人情"，就是了解人性，能够正视人性的优缺点；看到各人各有性情，能区别对待，尊重每个人的个性和生活方式，在自重的同时也要尊重别人，与人为善，志同道合，交结君子和同好，抓住人间可贵的亲情、友情和爱情，体会人间温情，感受人生。了解"世故"，就是对社会和时代必须有所了解，对世态炎凉，有自己的理解和把握，审时度势，识时务，顺应时代，但又能坚守自我，不随波逐流，保持一份独立和自由，做自己想做的，也能做的事情，既能实现自己，也能接济社会。

所以说，**通晓人情世故，说到底，就是做人做事和待人接物有自己的风格，保持一个很好的姿态，既能坚守自己，又可为人所悦纳。**

所谓"人情是大事"，与人打交道的事情，一定要慎重，不可轻视之。从某种意义上讲，人情世故比知识和能力更重要。

□ 多包容，不苛求

南怀瑾先生说："我们人类的心理，有一个自然的要求，都是要求人家很圆满。要求朋友、部下或长官，都希望他没有缺点，样样都好。但是不要忘了，对方也是一个人，既然是人就有缺点。人心理上研究，这样希望别人好，是绝对的自私，因为所要求对方的圆满无缺点，是以自己的看法和需要为基础的……这个心理好不好？好。但是要求别人太高了。"

人无完人，是人就有缺点，道理都明白，但是，因为每个人的角度不同、观点不同，又各有所私，所以看问题总不免有个人的局限和偏见，光看到别人的不足、不是，总是自以为是；或者要求自己既高，转而高要求别人。

自以为是，苛求他人；或者对自己对别人都加以苛求。苛求他人，不肯包容，容易得罪人；苛求自己和他人，既得罪人，又自找压力。这样活着，都很累。

一个人为什么不能正视自己和别人？一般因为经历不多、磨砺不够、不够成熟，不能达观，所以，看别人左右不顺眼。还有，就是因为眼界不高、胸怀不广、修养不深所致。

一个人的胸怀，往往与他的经历、视野、修养等息息相关。但凡做出伟大事业的人，最突出的特点，就是胸怀宽广，有远见卓识，修养深厚。胸怀宽广很重要！所有的大人物们，无不是胸有丘壑、器量宽广之人。他们能正确地对己对人，既自重，又尊重他人；既努力发掘自我，又与人为善，有成人之美，乐于助人；既能看到自己的缺点，也善于发现他人的优点。他们严以律己、宽以待人。为了自己的远大目标，他们不会因小失大，对自己和别人苛刻以求，而是顾全大局，兼收并蓄，择善而从。因为他们超越了自己和他人，所以，最终能成就超越平凡的伟业。

所谓"海纳百川，有容乃大"。如大海之包容万物，所以成其大。从郗超大度举荐谢玄一事中，我们可见真正有包容的"大人"胸怀。

东晋大臣郗超和谢玄不和，两人经常在朝堂上争得面红耳赤。

当时，前秦的苻坚发动夺取东晋政权的战争，情势危急。苻坚占据梁岐之后，又对淮阴虎视眈眈。

朝廷商议对策，打算让谢玄北上讨伐苻坚，世人对此颇有争议。只有郗超说："谢玄这个人率师北伐一定能成功。我过去曾经和他一起在桓宣武府中，发现他用人都能各尽其才，即使是小事，也能尽到自己的责任。由此推断，他一定能建立功勋。"

谢玄受命后，果然不辱使命，大功告成。人们都赞叹郗超有先见之明，又敬重他大公无私，不因个人成见而推荐谢玄。

在大局面前，郗超面对朝廷的用人计划，他没有随声附和"异同之论"，而是从国家利益出发，对谢玄做出实事求是的评价，以促成其率师北伐之事。这充分表现出郗超的爱国情怀和海一样的包容品质。

包容他人，不仅是一种宽厚品德，也是一种修养，更是一种智慧。因为，人是很复杂的，而且都有自尊，自尊是最不能伤害的。很多情况下，不是你严格以求，就一定能起到作用；不是你动辄以理说教，反复督促，就能达到目的。很多情况下，也许不需要那么费力，也不需要那么好为人师，因为别人没那么笨，自己就不要自作聪明，管事太多。最好的办法可能是让他自己去做，施行无为而治。下面一则佛家小故事，也能说明包容的巨大感召作用。

有位老禅师，一日傍晚在禅院里散步。突然，他看见墙角边有一张椅子。一看便知有位出家人违犯寺规越墙出去溜达了。

老禅师并不声张，走到墙边，移开椅子，就地而蹲。

一会儿，果真有一小和尚来翻墙了。因为天黑，他竟然踩着老禅师的脊背跳进了院子。

但当他双脚着地时，才发觉刚才踏的不是椅子，而是自己的师傅。小和尚顿时惊慌失措，张口结舌。心想，这下可糟糕了，肯定师傅会训斥他了。但出乎小和尚意料的是，师傅只是以平静的语调说："夜深天凉，快去多穿一件衣服吧。"

任何人做了坏事被发现后，心理上当然自责，而且会十分难堪。但这位禅师顾及到了徒弟的感受，不加责备，反而以宽容对待。这种宽广而无声的教育，自然使小徒弟在感动的同时，受到教育。

世界本不完美，人无完人，现实不是理想，一定要客观正视；别人也不是自己，没有理由一定理解你，按照你的意志行事。理想主义情怀需要有，但不能理想主义；可以追求不断完善，但不能完美主义。对自己、对别人苛求完美都是一种作茧自缚，是一种累。所谓"水至清则无鱼"，"完美是美的敌人"，你太苛求完美，其实是一种偏激、一种病态，在这个社会上注定要活得很苦很累，而这个苦累，是你自己找的，不值得。你太苛求别人了，其实是一种自私、一种对别人的不尊重——要知道，我们没资格要求别人做到理想状态，更没资格去伤害别人的自尊。

一个人能包容，不苛求，能够区别而宽容地对待别人，也不再和自己较劲，说明他开始走向成熟了。

□不迁怒，不贰过

> 南怀瑾先生说："'不迁怒，不贰过'，这六个字，我们一辈子也做不到。"

孔子有三千弟子，其中有七十二贤人，但能做到"不迁怒，不贰过"的人，也只有颜回。可见其难度。

孔子的学生颜回，一生安贫乐道，淡泊名利，孔子说他："一箪食，一瓢饮，在陋巷。人不堪其忧，回也不改其乐。"真是贤人啊。颜回既然淡泊寡欲，也就能做到不患得失，无论处境如何，都能做到自得其乐。另外，颜回还有一个特点就是"不迁怒，不贰过"这也是孔子对他的评价。只可惜，颜回年纪轻轻就离开了人世，为此，孔子十分悲痛惋惜，他曾极为痛心地说："有颜回者好学，不迁怒，不贰过，不幸短命死矣。今也则亡。"

什么叫"不迁怒，不贰过"？就是不随便向别人发脾气，不犯同样的错误。颜回能做到，是难能可贵的，一般人做不到。所以，孔子给予其很高的评价，为有这么个学生而感到自豪。

人性天生是自私的，而且各有性格，一般人考虑问题也是从自己的角度，难做到换位思考，当然就难免以个人的主观意志为上，以致情绪化，迁怒于人；由于自身的局限，更难做到不犯第二次错误。

现代人生活在忙碌和压力中，心情浮躁，情绪不定，迁怒于人也是常有的事。比如，一个人工作不愉快，不好跟同事上司发火，但难免把情绪带回家，对自己的亲人发无名之火。应该说，没有人敢说他没犯过迁怒的毛病。

　　生活中，我们常常怨天尤人，这也是一种迁怒于人。为什么怨天尤人呢？是对自己不满意，转而埋怨到别人身上，不从自身找原因，总是讲客观理由，顾影自怜，以为天下人都欠他的，对不起他，所以，在家对父母迁怒，在外找别人的麻烦，岂不知，这完全是一种缺乏信心和力量的表现，不仅幼稚，也显得没能力承担和开拓。

　　迁怒于人，不仅显示了一个人情绪和心理的自控水平低，而且也显示出一个人修养的不够。能够做到不迁怒于人，也是一种成熟和修养的表现，说明他有能力对自己负责，能够承担，有情绪自己能控制，能调节，不会转嫁到别人身上；他善于平衡自己，给自己找一个排遣郁闷的出口，不至于迁怒于他人。

　　而"不贰过"呢？一是有自知之明，能够做到"知过"。当然，"知过"不容易，因为很多人总是自以为是，看不到自己的缺点，加之积习难改，所以，犯同样的错误也就在所难免。而且，很多时候，我们对于自己的错误不自知。二是知错即改，不再二犯。古人说："有则改之，无则加勉"，能够不犯第二次错误的人，才是聪明人。

　　一个人做到"不迁怒，不贰过"很难，但我们应该把这作为完善和修养自己的参照，尽量对自我负责，既不迁怒于人，也使错误不再犯，只有这样，才能不断完善自己，获得长足的进步。

　　反过来，对于别人的迁怒和埋怨，我们也应当加以宽容和理解，不要为此斤斤计较。这样，既能体现一个人的修养，也能使迁怒于我们的人察觉到自己的不对之处，从而帮助他改正，下次不犯。

□人生最难是忘情

> 南怀瑾先生说:"人生最痛苦最难做到的是忘情。人是感情动物,有你我就有感情,有感情就有烦恼,有烦恼就有是非,有是非就有痛苦。因情受苦,忘情更难。"

南先生在这里所说的情,不只是男女感情,还有亲情、友情、同志之情等。人生活在社会中,社会是人与人的社会,要与诸多不同人物打交道,无论你与他(她)是什么关系,都会发生这样那样的关系。在家有亲情,在外有爱情和友情,所以说,人就是活在这种种感情关系中,为此快乐,也为此忧愁,只要有感情在,这种喜忧就难免。

人生际遇无常,除了没办法选择的亲情血缘关系,我们能与谁产生一份感情、一份情缘?这个问题实在不是个人所能决定的。人与人之间的感情,往往也是建立在某种似曾相识基础上的气味相投和互相吸引,比如爱情和友情,并无什么道理可言,所以说,世上的真感情也是可遇而不可求的。因为没办法解释,所以我们说是"缘分"所成。为此,我们珍惜,因为珍惜,为此幸福,也伴随着相处的摩擦和纠结的痛苦和烦恼。

无论彼此多么相亲爱,但毕竟是两个不同的人,总有区别的,难免摩擦,所以,在爱恋的同时又会相伴烦恼和痛苦。人是有感情的动物,并各有自尊,彼此关系的变化说起来很微妙,有时难以言传,只靠感觉就足够。所以,对于爱情,我们常说"有感觉就好",对于友情,我们常说"志趣相投""志同道合"最好。但是感觉是短暂的,是有生命力的，单靠感觉也不足以为依靠，所以说，最美满的爱情和友情，往往是由感觉升华为浓厚感情的，这样，才能如左右手一样，成为彼此息息相关、患难与共的亲密关系。但是，尽管如此，我们也别指望这种关系一定能够长久，可作为人生的依靠，因为任何关系都会有始终，都会有摩擦，只要有人的地方，就会有摩擦产生。三个人时，是两个人对第三个人；两个人时，是彼此产生矛盾——不仅爱情、友情，还包括亲情。在人与人的感情上，能够做到善始善终，就已经算是十分完美的了。

人是感情动物，需要感情寄托，但有一份感情时，又难免为此纠结不断，无论是喜是忧，是曲折还是顺利，都难免产生出种种故事。人生如戏，因为这份感情的存在，我们的幸福和快乐，也正存在于这份感情中。为情所困，为情所扰，但还是为情而喜、而忧，剪不断，理还乱，只要是人，就有感情；只要有感情，就不可能没有纠结的烦恼。人生的苦乐也全在其中。一个有着鲜明个性的鲜活的人，往往也是性情中人，也难免为人间的各种情感所困。但苦也其中，乐也其中，我们宁愿做有血有肉有情之人，而不愿做麻木不仁的忘情之人。这是人的伟大之处，也是人的脆弱之处。因为感情，我们感觉到生活的美好、人生的意义；也因为感情，我们感觉到自己的软弱，有时甚至脆弱得不堪一击。古往今来，无论是伟大人物，还是平凡小民，都难逃一个"情"字的困扰。所以，有句诗说："问天下情为何物？只教人生死相许。"这虽然是说爱情，但对于亲情、友情，又何尝不是呢？只要有真感情在，我们就要为此付出代价，往往是心甘情愿，活在一份感觉里，耽耽于其中，难以释怀，不能忘情，为之喜，为之忧。人生的所有奋斗，往往也因为一个"情"字，它激励一个人前进，也会因此而憔悴欲损。

所以，最难做到是忘情。针对男女爱情，南先生曾说："我们都被男女之间的那点事给骗了。"这固然是从解脱人生欲望的角度谈的，但也确实道出了男女感情世界的纠结不断，男女都难以做到忘情。我们是人，是人就有七情六欲，一个人，维系好亲情，尽好自己做人的责任和义务，上孝父母，下养子女，这是人伦之大；而追求美好的爱情和友情，也是一个人的感情需要，没理由回避。只要是天性，就该得到尊重和发扬，而不是宗教意义上的扼杀和戒除，毕竟，戒欲和出家，不是为人的常态，所以，我们没必要忘情禁欲。

但是，为了让自己的感情世界更加纯粹，为了活得更轻松，免得为情所困，操心太多，活得太累。我们需要对感情有选择性地对待，而不是奢求，更不能纵欲，所以，尽量做到有所"忘情"。比如，**对于不值得的感情，没有结果的感情，不健康的感情，我们要放弃**，也许是忍痛割爱，但也要理智放弃，为了自己，也为了所爱的人。因为纠结下去没有意义，只能是自苦。"自古多情苦余悲"，有时，付出越多，并不能得到，反受到伤害。

所以，对于男女感情，一定要明白是否适合，是否值得，不必为一个人作无谓的停留——因为，爱情不是人生的全部，一份不能进入感情、没有结果的爱情，如果不能忘情，继续下去只能给彼此带来更大的伤害，而且太累，最终爱情的美好和浪漫会消失殆尽，剩下的只有悲凉。所以，长痛不如短痛，与其苦苦相煎，不如两两相忘于江湖。

所以，对于感情，我们应该是：**亲情要维系，爱情要纯粹，友情要持久，都要善始善终。**这样，才能让自己的感情世界越来越丰满、越来越有力，从而活出丰富多彩的幸福人生。

可与立，未可与权

孔子说："可与共学，未可与适道。可与适道，未可与立。可与立，未可与权。"

意思是：有些人可以一起学习，未必就能志同道合，走同一条道路；有些人可以一同走路，但未必可以一起共事创业；有些人可一起开创事业，但未必可以给他权力。

现实中，我们也看到的确有这种现象：年轻时一起学习求道，是好朋友，无话不谈，但后来志趣不同，分道扬镳；一起做事，志同道合，但未必就可以一起创业；一起创业时可以团结合作，但之后却不能同享胜利果实，彼此产生矛盾。许多同道或者好朋友，因为合作不快，最后竟成了冤家和仇人。

所以，聪明人一起创业，但创业后就选择分手，功成身退，既可自保，又能保持原来的朋友关系，很好。

> 南怀瑾先生解释说："我们经历了几十年的人生，再回过来看这节书，真感到孔子的了不起。'可与立，未可与权'，有些人可以共同创业，但不能给他权力，无法和他共同权变。"

这样看来，有必要认清自己的共学、同事和朋友，并区别对待，不是因为同道共学，就可以一起做事，也不是因为同事或朋友就可一起创业，不是因为创业有功，就适合与他相应的权力。

人各有禀赋，能力也有大有小，聪明才智往往突出地表现在某一方面，真正的全能毕竟是少之又少。所以，与人结交也好，还是管理人也好，都要因人而异，有所选择性，有重点，以适合为宜。这样，才能做到人尽其才，物尽其用，各守其分，使各安其命，这是最好的处理之道。不是有能则上，适合才是关键。

有的人学问很高，道德也不错，但并不适合当权，权力一到他手里，可能会出乱子。害己也害了别人。比如五代时的皇帝李煜，成天风花雪月地吟诗作赋，并不具备治国之才，所以，他经营的国家最终灭亡。再如历史上的一些奸雄，像曹操，袁世凯等人，能力不小，可谓乱世奸雄，但道德似乎不够，所以治世往往不成功。对此，南先生说："如果一个人大权在手，又有道德学问的修养，把权力看得很淡，那就高明了。"

有人适合一起探索学问，有人适合做朋友，有人适合一起创业，有人适合一起做事。对此，万不能感情用事，否则会伤害原有的良好关系，得不偿失。

但是，现实中，我们往往搞不清楚是不是适合，所以，有了很多选择的错误，许多朋友最终因共事闹得不愉快，甚至反目成仇，实在是人生的一大遗憾。

如何避免这种事情的发生呢？只有加强了解与辨别，提高认识能力，还要有一份远见卓识。不大明确，可以尝试，但必须要讲原则，坏话说前头，这样，免得事后不快，不欢而散。

人与人之间的关系有多种，每个人一定要搞清，并区别对待。一定要明白：亲友未必适宜共事，创业不一定亲友，共事不一定朋友，权位不一定交给亲友。

真正适合共学的，往往是那个志趣相投的人；真正适合共事和创业的，往往是责任和义务可以十分明确的人；真正可以与权的，往往是那个最忠实尽责的人。

□劝人以利

南怀瑾先生说:"人要有个可怕的东西在心里,在背后,才可以使他向善。宗教也是这个作用。有个上帝、有个菩萨管着你,你就会乖一点。如果没有所畏,永远不会做好人,不会做好事。所以如果要一般普通人做好事,一定要有个促使他向善的力量在后边才好。不见利不劝,普通人一般没有好处,没有利益可图,他不会干的……人很难有生而向善的,除非是菩萨,是圣人。"

古人说:"君子有三畏:畏天命,畏大人,畏圣人之言。"就是说,人应该有所敬畏,这样才能保持谦虚谨慎,否则难免会自以为是,狂妄自大,最终自毁。

孟子说:"人之初,性本善。"其实,从人性的角度来看,人天性中就有自私的一面,每个人不仅站在自己的角度考虑问题,而且总是从自我的需要出发;人做事也总是要有利可图才为,让一般人去做一件与他无关的好事,几乎是不可能的。南先生也正是从这个角度讲的,人必须有所敬畏,否则很难超越自我,更难以超凡入圣,有伟大的作为。

古人心有敬畏,敬畏上天,敬畏尊长,敬畏圣贤,追求道德,注重修养,追求天、地、人的和谐相处,以达天人合一的境界。所以,才出现了老子、孔子、孟子等圣贤。传统文化中,最讲究法天效地,古人赋予自然万物以很多意义,与人类相对应。比如,以芝、兰等香草比喻君子，以梅、兰、竹、菊比喻高洁的品质，以松、柏比喻人生命的坚强与永恒意义，中国的古建筑，亭台楼榭与园林的巧妙结合，浑然天成，甚至以中草药来创立了我们独有的中医……无论文化，还是生活，都与自然紧密相连，可以说，古人真正做到了人与自然的和谐相处，做到了天人合一。他们认识到自己无论有多大的创造力，有多么大的能力，但终不能与上天作对为抗，所以，他们与自然和谐相处，这也是他们的聪明之处。

而今人缺乏敬畏，过于追求经济和物质利益的最大化，狂妄自大，以为人可胜天，并以伤害自然环境为代价，破坏我们赖以生存的生态平衡，这实在是一种不自量力的自虐行为。

因为无所敬畏，因为无休止的欲望，因为自私，所以人类离道德越来越远，离本性的善愈来愈远。尤其是今天，人性中自私自利的一面得到前所未有的发展。物欲横流，金钱至上，唯利是图，为此不择手段，无所不用其极，这不能不让所有善良的人们担忧。

有追求和欲望，追求合理欲望的满足，本是人生来的权利，本无可厚非，问题是如果纵欲无度，就容易泛滥成灾了。

南先生所说的，劝人要劝人以利，是既看到了人心自私的一面，也是看到了目前的现实——人的自私自利更是膨胀无度。所以，劝人以利，也是一个不得已而为之的做法。没办法，有几个人真正能够做到有所敬畏、心存淡泊，以君子和圣贤为志呢？即使是有宗教信仰的人，也往往以自慰为目的，很少有真正能做到超脱物我之境的人。今天的社会环境，毕竟不是从前了，要想说服一个人，最好的办法就是：劝人以利。

毕竟，人不仅有天性的自私自利，更有难以超越的自我局限，圣贤毕竟是少数，这在古代也是一样，所以，对于一般人，尤其是小人，道德说教可以感化他，但要他做事情，并不能起到作用。最好的办法还是：劝人以利。

我们看苏秦是如何来说服齐宣王的。

苏秦见到齐宣王后,冲着齐宣王拜了又拜,俯身向齐王表示庆贺;然后抬起头来,向齐宣王表示哀悼。齐宣王说:"为什么庆贺与哀悼相继这么快呢?"苏秦说:"我听说饥饿的人之所以宁可饥饿而不吃乌头这种有毒的植物,是因为它愈能填饱肚子就愈和饿死没什么差别。如今,燕国虽然弱小,但燕王却是秦王的小女婿。大王得到了十座城池的利益而与强大的秦国长期结下怨仇。如今使弱小的燕国像大雁一样在前飞行,而强大的秦国在它后面掩护,因此而招来天下的精锐部队攻击你,这与吃乌头是差不多的。"齐宣王听了苏秦的话,神情变得凄怆而且严肃,对苏秦说:"既然这样,那怎么办呢?"苏秦说:"我听说古代善于处理事情的人,能转灾祸为吉祥,变失败为成功。大王如果真能听从我的意见,就马上归还燕国的十座城池。燕国无缘无故得到十座城池,一定会很高兴;秦国知道因为自己的缘故使齐国归还燕国十座城池,也一定会很高兴。这就是人们所说的放弃仇敌而建立牢不可破的友谊啊。燕国、秦国都来侍奉齐国,那么大王号令天下,没有敢不服从的。这样大王以虚情假意依附秦国,却用十座城池得到天下。这是建立霸主的功业。"齐宣王说:"说得好!"于是,齐宣王将占领燕国的十座城池归还给燕国。

苏秦为齐宣王权衡利害关系,向齐宣王指出燕国君主与秦国君主的姻亲关系,点明齐国侵犯燕国的利益就等于侵犯秦国的利益,齐国侵犯燕国,就使自己成为燕国和强大的秦国的死敌。随后,苏秦站在齐国的立场上,向齐宣公指明:归还占领燕国的领土,与燕国和秦国缔结友好关系,更符合齐国的根本利益。齐宣王最终被苏秦说服,心甘情愿地归还了占领燕国的土地。

齐国花费了很大力气攻占了燕国的十座城池,却在苏秦的一番摇唇鼓舌之下,又乖乖地还给了燕国。可见苏秦的厉害。而如果仅从道义上讲大道理,则起不到作用。

欲,是人所共有;利,是人所共求。俗话说:"无利不起早",

没有利，做事就没积极性。"人为财死，鸟为食亡"，因为利，多少人为之付出沉重的代价，甚至是生命，而不知道这样辛苦是否真正值得。钞票谁都爱，如果有人说他不需要，这是假话。袁枚说："不谈未必是清流。"清高的人未必是真清高，只是没有机会得到利益，一旦有机可乘，也许他的爆发力会更强。所以，南先生又说："很多人说他不要名不要利，那是他没有资格要，达不到那个高度，等到他坐上那个高位子，许多人拥护他，许多人服侍着他，那种滋味是很舒服的、很迷人的，这个时候叫他下来，他就舍不得了。"

对于利益，谁都想要，区别在于程度的大小，其生命的真正追求是在物质，还是精神。圣贤君子，人生追求主要在精神意义层面，物质利益只是他用来做事的工具；而小人呢，就是追求物质利益至上的。

我们每个人，有利益追求不为耻，可耻的是取财无道，取不义之财。懂得智慧生存的人，明白金钱和物质不是生命的本质需求，而是精神的充实和快乐，所以他不为物役，不做金钱的奴隶，而是坚守自我，做自己生命的主人，活出一个充实的精神世界。

□有时不如糊涂些

> 南怀瑾先生说:"'故君子与其练达',我们普通喜欢讲做人要通达,'不如疏狂',不如有些地方马虎一点。意思大约是如此。"

清人郑板桥有句名言:"难得糊涂。"这是一个人经历了人世沧桑,对人情世故有所认识后,说出的一句话,实在是经验之谈。

不如有些地方马虎些,聪明难,糊涂更难。只要是有些经历的人,都会感到有时马虎些、糊涂些的必要性。

人生在世,很多事情不以自己的意志为转移,有很多无奈,不是你努力或志在必得就一定可达到的。现实和人心都复杂多变,世态人情,不能不加以细心的体察,这是为人处事的必须功课,也是一个人成长成熟必须要接受的磨砺。

但是,我们总是很较真,做人做事认真,追求完美,尤其对于一个对自己要求很高,想有所作为的人来说,他对别人的要求标准也自然会高些。这样,无形中会带给自己和别人更大的压力,感觉不到轻松。

真诚生活,认真做人做事,本是一个很好的品质,但如果到了较真的程度,就难免成了负累。所谓"水至清则无鱼","完美是美的敌人",一个太过较真的人,对自己和别人都会苛求,不仅追求面面俱到,而且追求细节完善,甚至是钻牛角尖,跟自己较劲,也不容易宽谅别人;要求太高,不易接近,不好通融,眼里进不去沙子,难以让人亲近。所以,这样的人,不仅苦累,而且孤独。

一个对自己的人生有更高追求的人，对人对己都要求较高。做人，要求人品高尚、爱憎分明；做事要求认真负责、追求完美。他看不惯小人，所以往往与小人作对，也因此受小人中伤；他做事要求全面，也不放过任何一个细节，也因此会顾此失彼，因小失大，失去最好的时机。做人不能圆通，不知委曲求全，不知进退取舍，不善自保；做事不大讲方法；或者锋芒毕露，心直口快，不知藏拙，示弱守柔，往往受无意之伤。总之，他不善于随机应变，坚守自我原则。所以，他因为太认真，缺少包容性，所以没有大成。

总是，当他碰了些壁，经历些挫败，感觉到随机应变、察言观色的重要性后，才明白有些时候，不能太认真；有些时候，不能太聪明；有些时候，最好糊涂些。难得糊涂。

当然，这里的糊涂，是一种做人做事和为人处世的达观和通变，不是真正的糊涂，应该说是藏拙，装糊涂的，目的是为了自保——因为自己既然改变不了，又免得受中伤，最好的姿态就是装糊涂。毕竟，纵使你有再多的看不惯，有再多的想法，但现实不允许你做，没给你机会，或者你个人根本无力改变，就不必去碰硬，"潜居抱道，以待其时"。

古之圣贤，在不得意时，都是走的这种潜居之路。即使在功成名就之时，也懂得功成身退，低调自保，守中正，行中庸之道，持盈保泰，以求保全身家名节。如汉朝的张良、唐朝的郭子仪、清朝的曾国藩，他们都是深知中庸之道，深解糊涂之道的，无论穷通，总是谦虚谨慎，而且善于示弱、守柔、藏拙，这是很高明的。

而一些忠直的人，往往因太较真，仗义执言，不讲方法，不善自保，结果给自己招来祸患。这都是太认真之故。虽然精神可嘉，却未免有些痴愚，得不偿失，不值得。为什么不能冷静些，暂时装一下糊涂，以图后来行事的机会呢？

对于聪明人而言，他懂得变通之道，而且善于运用糊涂之策略来达到自己的目的。下面是康熙皇帝小时候的一件小事，从中可看出他超人的智慧。

康熙皇帝继位时年纪很小。朝中元老级功臣鳌拜掌握朝中大权，一心想谋取皇位，根本不把康熙放在眼里。继位不久的康熙皇帝很清楚鳌拜的野心，但苦于自己根基不稳，短时间内无法与之抗衡，索性不问朝事，整天和一帮少年混在一起东游西逛。

有一天，康熙微服在一个侍卫的陪同下去拜访鳌拜，鳌拜见皇上突然来访，以为事情败露，便伸手到炕上的被褥下摸出一把尖刀，侍卫见状眼疾手快，一把抓住了鳌拜的手腕。见此一幕，康熙装出一副糊涂的样子说："这没什么大惊小怪，想我满人自古以来就有刀不离身的习惯，何足惊奇？"并不予怪罪。鳌拜一听此话，放松了防备和警惕。康熙若无其事地对鳌拜的功绩大加夸奖一番后离开了。

此后，康熙经常到鳌拜家私访，趁鳌拜放松戒备后将他制服，巩固了自己的皇位，继而开创了康乾盛世的大业。

难得糊涂要把握时机，需要一种大智若愚的智慧。试想，如果当初康熙急于表现自己的精明强干，他能保住皇位吗？做人处世，我们要学会装糊涂，抬高别人，贬低自己，满足别人自尊心，维护他人的形象，这样更易于与人沟通协作，并且获得别人的尊重和支持。如果是竞争对手，则完全让他放松警惕，让自己赢得主动权，最终获胜。

所以说，糊涂不仅是一种人生智慧，也是一种做事的方法。

□ 多言必败,大音希声

老子说:"多言数穷,不如守中。"

南怀瑾先生解释说:"不要随便开口说话,只是说当说的,说过便休,不立涯岸。不可多说,亦不可不说。"也就是说,说话要说到点子上,而不是絮叨没完。

一个人的言行,反映了其性格和修养。行为越是高尚的人,他的人品越高,越是谨言慎行,不露锋芒,不自以为是。老子说:"大直若屈,大巧若拙,大辩若讷。"高尚其行为,谦虚其言论,这是高人君子们的外在表现。

老子说:"智者不言,言者不智。"越是言语木讷者,可能聪明不浅;越是夸夸其谈,看上去鬼灵精怪者,实质越可能是华而不实的平庸之辈。所以,不要以貌取人。

有道高人总是不轻易显山露水,所以言行谨慎,一是因为他们感觉言语不能说明什么,二是因为他们更注重实际行动。有道高人,总是不肯多言。这是涵养,也是自保之智慧。有道之人,"达者兼济天下,穷则独善其身",往往守得宁静,静心修养,修得定力智慧。

心怀大志者,往往深谙低调做人的智慧,一心追求事业的成功,绝不追求虚华。他们不断修养自己,在不得志时,绝不轻易把自己的理想示人;在志得意满时,更懂得低调做人,不张扬招忌。

老子说:"清静为天下正。"又说:"大美不言。"沉默是金,沉默往往最有力量。孔子说："巧言令色，鲜仁矣。"他认为花言巧语，头头是道的人，往往人品更值得怀疑，是华而不实之人。相反，孔子倒十分欣赏木讷少言、朴实无华的人，他说："刚、毅、木、讷，近仁。"

时下流行"晒"和"秀"以及宣传炒作之风，为此花言巧语、夸夸其谈，甚至或投机取巧、不顾廉耻。在古人看来，这些都不符合道德规范，其中的当事人也犹如小丑，纵获取名利，也不算什么人才。

在今天，我们虽不主张做口吃木讷之人，但现实中大家都有感受：越是口才伶俐，才能出众者，往往招忌恨，少人缘，而看似木讷平庸者，往往最受人欢迎，活得也最安全。

言多必失，祸从口出。现实中，有人自以为口才了得，喜欢在人前口若悬河，自呈聪明，结果往往容易招人忌嫌；有人爱议论别人是非，品评他人，以显示自己；有人得理不饶人，动辄与人打口水战，辞锋锐利，图一时口舌之快，结果往往让自己腹背受敌，遭人构陷。

"静坐常思自己过，闲谈莫论他人非。"人在社会上生存，话到嘴边要三思，有时说者无心，听者有意。有时，你仗义执言，却被误解，反受其害。"枪打出头鸟"，这个道理难道还不明白吗？所以，多言之弊，不可不防。就此意义而言，一个人有口才是好事，也往往会因此受累。如果管不好自己的那张嘴，还不如木讷些更安全。

佛家也主张，人要少言，更不要造"口业"，甚至主张沉默。其实，有时沉默更有力量，所谓"此时无声胜有声"，言语不过是传情达意，如果多言可能会被讹传，这是十分危险的。

三国时的杨修，就因为狂妄自得，言行不检点而丢了性命。

曹操派人建造一座花园，完工后，他亲自去察看。但看完，曹操并没说话，只在门上写了一个"活"字，就离开了。

大家不得要领，于是请教杨修。杨修对他们说："'门'里加了个'活'字，那就是'阔'字，魏王是嫌门太大了。"于是，工匠们马上进行改造，果然得到了曹操的赞许。大家都对杨修的聪明赞赏不已。

后来，曹操与刘备在汉中交战，不慎陷入进退维谷的境地。晚上，曹操正喝鸡汤时，看到碗里的鸡肋，感触良多。这时，夏侯惇进来请示夜间的军号，曹操便随口说出"鸡肋"二字。

夏侯惇听到不解其意，于是去请教杨修。杨修说："鸡肋者，食之没肉，弃之可惜。眼下是进攻难以取胜，后退又被人耻笑，所以不如早点回去，魏王的言下之间是班师回朝。"

夏侯惇听了，十分满意，于是命令大家准备还朝。

曹操得知后，十分吃惊，便问其中缘由。当他听说这是杨修的主意时，便十分恼火，随即下令把杨修斩首。

杨修固然有才华，但是他身为下级，在领导面前一再逞能，不顾领导的感受。不知谦下自保之道，不会低调做事，所以招来杀身之祸。有才华者、心直口快者不能不以此为鉴。

所以，我们对于说话，该说时才说，要注意时空环境，要注意别人的感受，话不是越多越好，否则，不如保持沉默。千万不要自呈聪明，卖弄口才，以免招来口舌是非，引来祸患。

□变通则生，曲则全

> 南怀瑾先生说："刚柔者，立本者也；变通者，趣时者也。刚柔并济，恩威并用，才是立本者也。趣时，就是要把握时代，所以变通者，趣时者也。"

变通是一种生存的智慧，也是一种行事的方法。大凡有所成就的人，无不深解变通之道，把自己的知识和智慧立足于时代和现实之中，找到一个结合点，不仅识时务，与时俱进，而且顺应时潮，随机应变，抓住机会，一展身手。

事业成功需要"趣时"，变通，为人处事同样需要变通。如果一个人做人做事太较真，不知灵活变通，不合时宜，不看时空环境，不注意方式方法，不注意察言观色，不顾及别人的感受，那是行不通的，将是死路一条。

变通，就是通机达变，头脑灵活，及时反应，既能坚守自我操守，又能灵活处理，寻找结合点，找出处理的最佳方法和渠道。老子说："曲则全，枉则直。"并主张做人应"守柔""示弱"，认为这样最安全。变通就是深解进退方圆之道，懂得"曲径通幽"之妙，这样既能明哲保身，也能与周围的人和谐相处，团结协作。

在为人处事上，的确，不能遵从"两点间直线最短"，而往往是曲径通幽。

现实中，有些人读了很多书，满腹经纶，出口成章，但实践不够，对实际情况了解不透，总是本本主义，动辄理论指导自己，而不知结合实际灵活处理，结果当然是于事无成。这就是不知"趣时"，不知灵活变通。有些人很正直，但太过耿直认真，说话办事不注意合时宜，也不注意考虑别人的感受，只单纯地以为一颗好心，只要认真办好事，就自然得到别人的理解欣赏，不会办成错事坏事的。结果往往费力不讨好，好心且竭力却没办成好事，甚至还得罪了人，给自己带来祸患。

例如，在单位，一个人得到提拔，不一定是他工作业绩出色，往往更多有人为的因素。一个人，有好人缘，左右逢源，也不一定是他的品质有多么高尚。现实的情况是，往往认真负责，或是有才华的人遭到嫉妒排挤，因此，在出成绩时，更不能喜形于色，得意洋洋，而是低调谦虚，注意自保。一个忠直仗义执言的人，往往因犯上而自取其祸，而圆滑小人，则善于曲言谄媚而得人心，得上级宠爱。因此，有时，你实在看不惯，想仗义执言，也要注意方式，要注意考虑别人的感受，不能直接就上，而应该采取"曲线"，这样才可能为人所接受，达到目的。

社会现实和人心就是这样，复杂且险象环生，人的心理也十分微妙，有时甚至没有道理可言，不是一些道德标准可以衡量的。往往是，很多情况下，真理标准不是最重要的，重要的是人心，是心里是否舒服，自尊心和虚荣心是否得到了满足——毕竟人是自私的，社会也是竞争的，原则和道理，不是一般人，更不是小人们为人处事的标准。

有鉴于此，我们为了成功，就必须要适应这种现实，相应地采取变通之道。守中庸之道，善于变通，以曲为上，在不得时、不得遇时，潜居抱道，审时度势，顺应时潮和大道，伺机而动。万不可轻易显山露水，也不可冲动冒进，不可剑走偏锋，要善于明哲保身，这才是高明之举。古来很多成就非凡的人，都是变通的高手。诸葛亮在不得遇时，卧居隆中，养精蓄锐，明哲自保，在刘备三顾茅庐，时值来时，高调出动，大显身手。清代的中兴之臣曾国藩，一生谦虚谨慎，深得中庸之道，在击败太平天国，建立巨大功勋，别人劝他自立为政时，他却急流勇退，选择上交兵权，低调自保，最终能保全身家名节，持盈保泰，安养一生。他们都是十分高明的。其高明就在于不仅掌握了最先进的理论知识，胸有丘壑，腹有经纶，但不本本主义，而是审时度势，善于顺应时潮，抓住自己建功立业的机会，而且能够看淡名利，善于明哲保身。他们以自己浓厚的文化功底，游刃有余地生活在权力和争斗的中心，做到了"外圆内方"，不仅成就千古功业，而且没失去自己的节操，所以说，是十分高明的。

清朝太监李莲英，受宠一时，风光一世，深得慈禧的信任喜爱，不仅因为其忠诚，更因为他的善于变通。下面的一则小事，就可窥见一斑。

慈禧爱看京戏，常以小恩小惠赏赐艺人一点东西。一次，她看完著名演员杨小楼的戏后，把他召到眼前，指着满桌子的糕点说："这一些赐给你，带回去吧！"

杨小楼叩头谢恩，他不想要糕点，便壮着胆子说："叩谢老佛爷，这些尊贵之物，奴才不敢领，请……另外恩赐点……"

"要什么？"慈禧心情高兴，并未发怒。

杨小楼又叩头说："老佛爷洪福齐天，不知可否赐个字给奴才。"

慈禧听了，一时高兴，便让太监捧来笔墨纸砚。慈禧举笔一挥，就写了一个福字。

站在一旁的小王爷，看了慈禧写的字，悄悄地说："福字是'示'字旁，不是'衣'字旁的呢！"杨小楼一看，这字写错了，若拿回去必遭人议论，岂非有欺君之罪，不拿回去也不好，慈禧一怒就要自己的命。要也不是，不要也不是，他一时急得直冒冷汗。

气氛一下子紧张起来，慈禧太后也觉得挺不好意思，既不想让杨小楼拿去错字，又不好意思再要过来。

旁边的李莲英脑子一动，笑呵呵地说："老佛爷之福，比世上任何人都要多出一'点'呀！"杨小楼一听，脑筋转过弯来，连忙叩首道:"老佛爷福多,这万人之上之福,奴才怎么敢领呢!"慈禧正为下不了台而发愁,听这么一说,急忙顺水推舟,笑着说:"好吧,隔天再赐你吧!"就这样,李莲英为二人解脱了窘境。难怪慈禧总夸小李子会办事。

李莲英的应变巧在借题发挥,将错就错。对于错误生硬地扳正或否认,都是不圆熟的做法,借力使力把错误说"圆"方见应变的急或智。

变通不是圆滑处世,奸滑为人,不是向现实妥协,不是失去自我做人做事的原则和节操,而是一种结合时势和现实的权宜之计,是一种生存的智慧,也是走向成熟必备的一种修养。

□吃亏是福，大舍大得

> 南怀瑾先生说："不与人争，处处忍让，表面上看是吃亏了，但按照因果法则，是处处体现'舍'的心，日积月累，培养了无量的福德。你听说过有福的人被人欺负吗？会被人欺负不能够说是有福气，因此肯吃亏的才是聪明人啊！"

南先生虽然是从佛教修养的角度谈的，但的确有道理。所谓"吃亏是福"，"吃小亏占大便宜"，就是这个道理。

吃亏是福，但一般人难以认识到，因为不肯退让，不肯忍受，不肯舍得，所以不能老实示弱，不能退让吃亏。结果人与人之间的纷争不断，矛盾不断，互不相让，引来多少是非，甚至祸患。

所谓"欺软怕硬"，"柿子专捡软的捏"，老实人总难免受欺，总不免吃亏上当。生活中，我们常看到老实人选择不与人争，不与人抢，选择忍让、退让，选择吃亏；甚至因为老实常常轻信于人，上了奸滑小人的当，吃亏不少。人们看到他吃亏的结果，所以，都不想当老实人，都不想忍下一口气，都不想吃亏。他们认定了"老实是无用的别名"，所以，绝不做老实人。尤其是当下社会，竞争激烈，人心叵测，人与人之间的明争暗斗更是有白热化趋势，很少有人选择主动退让吃亏，都是你争我抢，来来往往，纷纷攘攘，皆为一个自己，为了一个"利"字。在这样的社会背景下，老实人似乎更没有生存的天地了。所以，谁肯当老实人呢？

既不甘于服输,也不肯退让,这是常人的心理。

然而,事实上,一个人的天性是改不了的,即使世风日下,人心不古,老实人想要学坏也是不容易的,所谓"本性难移"也。所以,如果你不是一个可以变"坏"的人,终究是不能真正变坏的,能够改变的也许只有形式。相反,如果一个多行不义、作恶多端的人,如果假之以仁义道德,他的本性善却可以得到改变,从而转变为一个好人、一个老实人。

所谓"公道自在人心""人可欺,天不欺",每个人心中都有一个道德和良知的天平,没有绝对的好人坏人,好坏也是相互转换的。正如孟子所说:"人之初,性本善。"人性中的善,还是占有很大的成分的。

所以,老实人往往会获得永生,老实人暂时看起来吃亏,但长远看来往往是最得大便宜——因为老实最得信任,最得长久利用,往往是上天真正眷顾的对象。表现看来是老实人忍让了、吃亏了,但长久看来,他们往往是最终的受益者,笑到最后的人。

而那种盛气凌人、争强好胜、不肯忍受退让、不肯有半点吃亏的人,也许暂时能争取到自己所谓的"权益",但长远看来,往往最不得重用,得不到真正的成长和进步,最终会因小失大,因为计较小利,而失去得到更大利益的机会。

试想,谁愿意跟一个小气的人打交道呢?谁愿意把信任交给一个小气的人呢?能成大器的人,往往有大器量,为人也十分慷慨大方,宽容大度,容得下人,吃得起亏,所以最终能超越平凡。

懂得忍让吃亏,也是要学习的。人总要经过一番人生的磨砺,只有明白争强好胜、锋芒毕露和斤斤计较的愚蠢后,才明白适时忍让,退一步的必要性,而不因小失大。而吃一点亏,不会真正失去什么,是为了以后有大得。所以说,选择忍让吃亏不仅是一种为人的美德,更是一种生存的智慧。

人天性是自私的,很难做到舍己为人。这需要相当的修养,而且必然以给予和施舍为乐，以助人为乐。佛家以慈悲为怀，讲的最多的就是施舍，小舍为了修自己，大舍是把小爱转化成大爱，博爱，以济天下苍生为己任。古来所有成就伟大的人，无不以舍己为公，成就他人为人生理想和最大乐趣。

古人说："己所不欲，勿施于人。"就是讲，正人君子，肯于吃亏在先，享乐在后。古人的"老吾老以及人之老，幼吾幼以及人之幼"，就是一种推己及人，由小爱转而为大爱的精神境界。孟子说："舍生取义。"范仲淹说："先天下之忧而忧，后天下之乐为乐。"都怀有一种舍我其谁，以天下苍生为念的奉献精神。古之君子，追求"穷则独善其身，达则兼济天下"，就是一种在自我完善，自我实现基础上的自觉要求——要求自己在光耀自己的同时，光照更多人，实现人生意义的最大化。

这些都是一种大舍，因为"大舍"才有"大得"，成就自己的非凡人生。

清朝康熙年间，文华殿大学士兼礼部尚书张英和一位姓叶的侍郎都是安徽桐城人，两家毗临而居。

一次，两家都要修建房屋，为了争地皮，双方发生冲突。张老夫人无奈，就修书到北京，让张英出面解决。张英看到信后，深感忧虑，马上回信给老夫人："千里家书只为墙，再让三尺又何妨？万里长城今犹在，不见当年秦始皇。"

张母见书明理，于是，张老夫人令家丁后退三尺筑墙。

叶侍郎见此情景，深感惭愧，命家人也把院墙后移三尺。

这样，张家和叶家之间的院墙就有了六尺宽的巷道，后来成了有名的"六尺巷"。

张英虽然失去了祖传的几分宅基地，但得到的却是邻里的和睦及流芳百世的美名。

宽容不是软弱怕事，不是不敢迎接挑战，是一种谦卑的美德，一种胸怀，一种境界；吃亏不是愚傻，不是不敢争取自己的权益，而是一种超越自私和自我的品质升华。一个能宽容退让的人，必然知进退取舍，也终会得到真正的成长和成功。

□安分守己，抱残守缺

> 南怀瑾先生说："孔子说他'五十而知天命'，像孔子这样的圣人，人到中年，才知敬畏天命。他说：对一小我私家来说，非知'天命'不可，不然就够不上做'君'的资历。只有'知命'，才能安分守己。但是一般小人物却不这样想，他们不听天命，往往犯险强求，希望有幸能得个好结果。"

人生在世，没有人不想超越平凡，获得成功。但是，成功非但不容易，而且也属于少数人，更多人只能流于平庸。所谓"谋事在人，成事在天"，成功当然必须主观努力，力争上游，但并非努力了一定成功；成功是多种因素相促成的结果，既要努力，又要得天时、地利、人和，其中的机会是十分重要的。而人生机会每个人都会有，但并不多，而且能够抓住机会的人也并不多，所以成功的人只是少数。所谓"命中有的终须有，命里无的莫强求"，这不是消极，而是对人生的一种透彻观察。

古人因为认识到天命的存在，认识到人生的某种无奈，所以心有敬畏，乐天知命，安分守己，脚踏实地，追求建功立业，但同时又淡泊名利。为求得安生，为自保，所以无论穷通，皆善于平衡自我生命状态，贫富皆能自守：无时无遇时潜居抱道，以待其时；机会来时，成就名利后，又追求功成身退，明哲保身，持盈保泰。无论贫富，皆能达观泰然地接受，能吃苦也能享受人生。无论穷通，都有一份平衡的生存智慧，在复杂险恶的生存环境中，为了自保，他们追求"外圆内方"之境界，既能坚守自我操守，又能达观通变，懂得进退方圆，守中庸之道，这是十分高明的。

当然，能够做到的，往往也必是有相当修养的人。我们一般人，因为所谓的梦想和欲望，因为求知上进心，是很难做到安分守己的，而往往是不安现状，以为安分守己、就是不思进取、苟且偷生。而抱残守缺呢？因为自尊和虚荣心，个人的表现欲强烈着呢，既难以做到真正的收敛和低调，就更难让他做到抱残守缺，向人示弱了。

但是，天下万物皆有所属，成功也不是那么轻易得来的，主观努力是必须。如果有梦想，不安现状，想突破自己当然很好，但前提是你要做好了准备，具备足够的实力和心理承受力，否则，你的不安分、你的要强，只能给自己以更大的压力，成为生命中不可承受之重。就此角度而言，人贵有自知之明，要明白光有想法不行，光靠一腔热情和胆气不成，还要有实力，做事讲策略和方法；光有实力不行，还要有时机；光有时机不行，还要有人支持。否则，就不要选择破釜沉舟，孤注一掷，不如安于现状，脚踏实地，养精蓄锐，等条件和时机成熟时，再做"跳槽"，寻求自我突破，到新的环境中实现自我。所以说，安分守己不是不思进取，苟安现状，固步自封，安于平庸，而是一种对现实和时势的理智和分寸把握，是一种权宜之计，也是一种生存的智慧。

争强好胜和志在必得，也不是定能取胜，一定要有一个心理准备，做最好的准备，做最坏的打算。有期望但不要期望太高，这样才免得失望太多，伤心太重。应该有这样的心态：只要喜欢，就要努力以达到，但不要问结果。只要尽了心力，只要问心无愧，对己对人都负了责任，心安理得，就是一种收获。

安分守己，就是告诉我们不能眼高手低，不能好高骛远，必须从实际出发，掌握规律，顺应时势，才能抓住发展的最好机遇，冲动蛮干是不行的。而且，一个人只有先安于现状，脚踏实地，才能平心气静，专心致志，才能获得长足的发展。这样，机会来时，才能及时抓住。而且，从为人处事的角度考虑，安分守己也给人以收敛低调之感，不张扬，不锋芒毕露，也就不会引人嫉恨。表面看来不争不抢、与人为善、中庸平和，但实际上，这样的人，最得人缘，也最易得到领导的信用，得到发展的机会。

而抱残守缺呢？同样是一种生存的智慧。在不得时、不得遇时，表现出甘于平凡平庸的姿态，善于示弱，守柔，守中正中庸之道，也善于糊涂中行事；不争强好胜，不与人争抢，不表现自我，承认自己的不足和缺点，正视之，接受自己不完美的现实，也不打算追求完美，不给自己和别人压力，这样的人，自然不会引来嫉恨，所以最能得身家名节之保全。

社会是竞争的，人与人之间也是竞争的，谁都有上进之心，都想在竞争中取胜。所以，最聪明的办法不是表现出自己的积极参与精神，而是知进退方圆之道，善于自处，明白安分守己和抱残守缺的道理，并能智慧地把握。这样，才能获得发展。

第九章
人生成败，不患得失

南怀瑾先生说："以《易经》的道理去看人生，一举一动，都有相对、正反、交错，有得意就有失意，有人赞成就有人反对。人、事、物的道理无不如此，离不开这个大宇宙的大法则。"

虽然，有作为和成就，是每个人所想的，但一个人究竟怎么活才算成功并无定论。在有生之年尽了心力、活得开心、感觉幸福，何尝不是一种成功？

南怀瑾先生说："《易经》第六十四卦是未济卦，什么道理呢？因为这个宇宙是做不了结论的，人生也没有结论的。历史永远没有结论。宇宙永远发展下去，没有停止，所以是未济。"

人生没有结论，所以，成功的、幸福的人生，只在自己的心里。

□ 贵贱存乎于位

南怀瑾先生说:"'列贵贱者存乎位',高贵与下贱,在乎'位'。人生亦是如此,到了某一位置就'贵',没有到某一位置就'贱'。一堆泥巴,或一块石头、一根木头,雕成菩萨像,成了'像',然后在大庙里一摆,人人都去跪拜。他为什么那么贵?'存乎位',在那个位置就贵了,很多事情都是如此,人亦是如此。"

这样看来,名位与富贵,实在说也没什么了不起的,不过是得了一个"位",所以,就贵起来,然后名利双收。这样,似乎就可以看淡名利、地位,觉得没有什么,即使不得时,不得遇,不得位,不得贵,也能安然自处,心安理得,怡然自乐。

但是,世人有几个真正看得透的?因为欲望,也因为所谓的梦想,看不透,也不能看透。看不透,就要积极争取名利、地位;不能看透,是因为生存的需要,也是自我价值的要求——人总不能苟且而活,安于平庸吧,总要力争上游,在有生之年,竭尽心力,做自己想做的事情,实现自我,也造福更多人。如果是为了这份人生的意义,追求名利和地位又有什么不好呢?恰恰是理所当然之事。

也许,人生本质上并无什么意义,名利、地位和富贵,甚至是有所作为、功成名就,等等,都无所谓意义。但是,如果把人生看得"四大皆空",活着还有什么意趣?人生而有欲,天生有追求,为了这份欲望和追求，就当竭尽全力，做自己喜欢的事情，对自己、对别人都做到负责任，努力成为自己想成为的那个人，活出一种自己想要的理想状态。

我们为此积极进取，迎难而上，无论有多难，也不失去生活的热情和生命的活力，永远保持一颗向上的心，活出自己鲜活的生命，活出一个独立的，无可替代的自己——不去看透人生，怀一份宁信其有的执著，实现自我，也造福更多的人，完成此生的使命。如果说人生有什么乐趣和意义的话，其乐趣和意义全在其中。

所以，不去看透人生，也不去追问结果和所谓的意义，只管一心向上，朝着自己想要的方向努力去，无论喜忧，无论贫富，无论成败，无论遇与不遇，都能做到坦然接受，达观处理，积极对待，善于自处，善于平衡自己，让自己活出平衡，活出充实和洒脱。

因为看不透，也没必要看透，人生才在追求中充满了战斗的充实和乐趣。任何一个真诚而活的人，都不想为活着而活着，更不会苟且而活，他自会在有限的人生中寻找一份自己认定的意义，这个意义一定是超越了时空环境，是无限概念上的。为了这个意义，他倾尽心力，上下求索，直到生命的尽头……一个人的可爱在此，一个人的成功也在此。

古往今来，那些成就非凡的杰出人物，无不是努力张扬自己天生的个性和禀赋，自赋一个使命，有一个人生观，定出自己人生的目标和意义所在，以此作为信仰，毕生为之努力奋斗，锲而不舍，百折不挠，不断突破，不断超越自我，最终有所作为，功成名就，拥有一定的社会地位。

古人说"名不正言不顺"，也是说明名位的重要性。一个人要想有所作为，光是实现自己不成，还要造福更多人。而要最大限度地实现自我意志，造福更多人，则需要一定的名位，否则难以作为。作为人，很难真正超脱名利地位。因为欲望不足。所以，南先生说："很多人说我不要名不要利，那是你没有资格要，达不到那么个高度，等到你坐上那个位子，许多人拥护着你，许多人服侍着你，那种滋味是很舒服的、很迷人的，这个时候叫你下来，你就舍不得了。对此真不动心的，世上只有两个人，一个已经死了，一个还没出生。"

为了名位，世人纷纷攘攘，乱哄哄你方唱罢我登场。都说应该视名利富贵如烟云，而真正淡泊名利的人，很少。一个人，只有当他经历了大富大贵之后，亲自有所体验，才能有资格谈论荣华富贵，才可能做到淡泊；一般清高的人，口口声声不慕名位，事实也许不然，等他真有机会得名利地位、得享荣华时，他也许比谁都留恋呢。

世人都晓得名位好，但不知名位与成功一样，并非每个人都有能拥有，也不是你努力以求，就一定能得到名位的。正如南先生所说："等于算命一样，有些人八字好，贵命，可是一辈子没有遇到好运，不遇时，"贵"不起来，好像一件东西，的确是好东西，有价值，可是放在那里几十年都卖不出去，又有什么办法？"不是你应该得贵就贵的，而在于一个机遇，这是没办法的事，人生毕竟有很多无奈，不是个人主观意志和努力所能改变得了的。

最好的姿态是：既要积极追求名利，也不必耿耿以求，为它所累。虽然，名利之心对一般人来说没办法超越，但毕竟有些人能够跳出来，怀一份超脱——有些人经历富贵，看透名利；有些人安贫乐道，人生追求在传道解惑，名利对他可有可无。

这些人，是真正能淡泊名位的人，他们真正明白人生的所谓贵贱，在于名位；而名位，并不能真正说明一个人的真正价值——一个人的真正价值在于他能超越自己有限的人生，做一些可超越时空和自己生命的事情，得到某种意义的永生。

天生各人不一，也许人生而并不平等，器也有大小，品位有高低；加之出身背景和环境的影响，后天的努力和机遇，就造成了明显的不同，当然也就造成了所谓的"贵"与"贱"——有名位的，看起来就贵，前呼后拥，得人尊重；平凡平庸者，看起来就只能随波逐流，庸庸碌碌，不受人尊重。

所谓"势在人在、势亡人亡""人走茶凉",自古世态之炎凉,人情势利,都是如此。这就是现实,不能不正视,所以,世人为了活出尊严,为了得到尊重,便为名位而奋斗,既满足了虚荣心,同时享受人生的荣华富贵,满足一己之贪欲。

但是,能够跳出来看名利地位的人,真正明白人生贵贱并不存乎于位,功成名就也不代表一定能力和品位就高。成功毕竟有偶然因素;而且,名位也并不真正代表一个人的价值,是不是活出了价值,除了自我感觉充实快乐,能实现自我,更有对社会的奉献,自己的所作所为是否可超越自己有限的人生。

能够看到这一点,即使不能真正淡泊,也不会为名利所累,洒脱而不失自我地活着;能够明白这一点,自然不汲汲于名位之求,心怀一颗平常心,无论有没有所谓的高位,能否享富贵,都能坦然自处,不嫉羡别人,不妄自菲薄,而是自怀一份内在的高贵,永远不迷失自我,独立而尊严地活着。真正的"贵"在于内心的品位和层次。

□ "素王"是真正的王

南怀瑾先生说:"孔子了不起的地方,除了他的学问、道德、修养以外,我以前说过,他在当时的确可以推翻任何一个国家的政权,取而代之,但他绝不这样做。为什么呢?他认为这样的影响并不久,不是千秋万代的事业。要影响得悠久而博大,不在于权力,而在于文化与教育。所以后来儒家称誉孔子为'素王',这是真正的王。"

对于什么是"素王",南先生进一步解释说:"素王就是没有土地、没有人民,只要人类历史文化存在,他的王位的权势就永远存在。不需要人民,不需要权力,而他的声望、权威和宇宙并存。"

孔子虽然也有名利之心,曾经为此挣扎过,宦海沉浮,坎坷不顺不遇,最终使他对所谓的名利和从政失望,转求于传道解惑,致力于教化万民的千秋事业。孔子自己谦虚好学,不耻下问。虽自称"述而不作",但却创立了影响此后数千年的儒家学术,也成就自己的"圣人"之名位。后世尊他为"孔圣人",奉为万世之师表,上自皇帝,下到子民,无不对他的学问顶礼膜拜,在有生之年,孔子一生清苦,生活并不富贵,也并没达到世人所认为的高位,但他兴办私学,广收门徒,有学子三千,七十二贤人,早已经是桃李满天下,声名远扬。虽然没有名位,但他的影响,在当时已经超越了很多有身份和地位的人。所以,南先生说,照他的影响,他可以发动推翻任何一个政权的斗争，但他没那么做——因为认识到了政治的局限性，认识到所谓的名位的短暂性；而思想和智慧，却可以代代相传，代代不已。这是真正的远见卓识，所以，他生平能耐住寂寞，专心致志做自己的学问。他明白，真正的成功是千秋功业，求名当求万世名。果然，五百年后，汉朝"罢黜百年，独尊儒术"，奉孔子为万世之师表，从而成就他的"圣人"之名，青史留名，影响数千年，直到如今。

所谓"为天地立心，为生民立命，为往圣立绝学，为万世开太平"。这是宋代大儒张载说的一句名言，代表了我国传统知识分子们共同的追求。

"穷则独善其身，达则兼济天下""先天下之忧而忧，后天下之乐而乐""天下兴亡，匹夫有责"，这些人生理念从来不是知识分子的专有，而是充满所有有良知的中国人心中。所谓"人生不满百，常怀千岁忧"，明知生命有限，但还是要努力追求一种无限的生命价值。这种价值主要是精神层面的，不为物质所局限。不排斥名利富贵，但名位绝不是他们追求的重点，他们更追求一种超越自我有限生命的"长生"，也就是说，追求一种有普世意义的价值。

所以，我们看到，古来圣贤，无不是对自己的人生有较高的追求——不仅实现自己，有所作为，而且要造福于大众。在光耀自己的同时，也照亮别人。无论是古之高僧大德，还是圣贤君子，无不以追求道德为根、为上，在成就事业的同时，力求发散一种精神。如果不能建功立业，实现自我，接济众生，但至少提高自身修养，无论是立德，还是立言，追求自我完善的同时，影响并照亮更多人的前程。

有此志向的人，立功则是绝代之功业，成为众生之福，为百代敬仰；立德、立言则是千秋之功德，德高而望重，成为世人敬重的师表人物，虽没权位，但自有一种自在的权威和力量。尤其后者，一旦成就非凡，则影响深远，成千秋功业，立万代之名，如孔孟即所谓的"素王"也。

人各有追求，每个人也有适合自己的活法，追求什么，也不必相强，很多事情强求不来，最好的状态就是：自知之明，明白自己喜欢什么，想做一个什么样的人；是否有能力为之。只要活得开心、充实、知足，就是适合自己的活法。而对于成功，积极追求但不能强求。毕竟，能够功成名就的是少数。事实上，真正的成功，也许并不在所谓的名利富贵的拥有。

尽管为官一任，拥有现实的权力，可最大限度地实现个人意志，实现自己，并造福更多的人，但宦海自古多险患，高处不胜寒。对于真诚活着、不想随波逐流的人来说，沉浮不定的宦海，不是他的留恋。所以，在他看来，没有什么，不如他追求道德和学问更充实而有价值。

传统文化中，儒家追求"内圣外王"之道，既内心要坚持道德、原则和节操，但为人处世要能通融，善变通，守中正之道，中庸自保，这样，以找到个性与社会共性的结合点，与周围和谐相处，有利于自身的成长和进步，最终获得成功，成就一番事业，成就"王者"地位。既不失去自我，不随波逐流，且能实现自我，建功立业，成就功名，这是十分理想的，一般人可望而不可即。但是，作为一个标准，被传统的知识分子奉为行为准则，也是一个追求的目标。

历史上的诸葛亮、郭子仪、曾国藩等，在不遇时都能独善其身，"潜居抱道，以待其时"，一旦有遇时，都能功成不自骄，善于明哲保身，最终能持盈保泰，安养一生。作为儒家知识分子，他们心中有一个标准，永远不能失去人生的原则，即守中正之道，绝不歪邪偏僻；但作为有官有位的权力人物，他们又能与上下和谐相处，知进退取舍，善于自处，又善自保，即守中庸之道，绝不锋芒凌厉。他们成就了绝代功业，自己功成名就，得享荣华，但又能坚守自己，坚守儒家的道德仁义，为世人树立了一个学习的标杆。可以说，他们真正做到了"内圣外王"。

现实中，真正追求名利富贵的多，有所作为，建功立业，比起立德、立言的清苦人生要现实得多，也实惠得多。毕竟，成就"素王"

之名，要付出的不只是清贫，还有寂寞，更有辛苦，而且要遭受来自现实社会的更多冲击和考验。所以，孔、孟之类的人物也就凤毛麟角了。

尤其是当下社会，人们面对物质和权力的巨大竞争和诱惑，精神层面的东西备受冷落。尽管人们普遍心理空虚，感情寂寞，情绪浮躁，坐立不安，但很难安静下来，很难接受做没有功利色彩、功在千秋的道德和学问的事业。快节奏和高压生活下的人们，除了追求金钱和物质，似乎没有别的选择，而对于道德和学问这种事业，只有不屑一顾。

当然，我们希望是，在这样的时代背景下，有人还是能安静下来，做一些真正为人类的事业。**希望**：民间自有高人在，那个真正的"素王"，他就在民间。只是，我们还没发现，还没到他出来的时候。

□成名与否，实在没什么道理

南怀瑾先生说："古人有一种新观念产生，往往不敢直说是自己的，一定假托古人。如古人作诗，常常有好东西，却不敢出名，而假托古人。"

晋朝人刘勰所作的《文心雕龙》，是中国古代最高的文法，从事文学的人，几乎没有不读他这本书的。南先生以他成名为例来说明一个人的成名。

刘勰自小在寺庙里长大，当他想成名时，写了一篇文章，去拜访当时的大文豪沈约，请求他指教推荐。沈约把他的文章，瞄了一眼就放在一旁，对他说："还早呢，年轻人，慢慢来。"

这一下，刘勰受了很大的打击，但他非常聪明，懂得沈约的心理，他一声不响地回去了。

半年后，刘勰又把原来的那篇文章，稍稍改动了一下，然后再一次拿给沈约，说："这篇文章，是一位古代的大文豪绝世的稿子，被我找到了，请您批评一下。"

沈约接过来阅读，一字一叹，大为叫好。

但等他读完了，赞美了半天，刘勰才说："这就是半年前送来请您批评的那篇文章，当时您说不好，这还是我做的那一篇啊！"

可想而知，沈约当时有多么尴尬。恐怕他不感叹后生可畏也不行。

南先生又举了一个例子。

曾经在上海出品无敌牌牙粉的家庭工业社大老板——天虚我生，年轻穷困时以投稿为生，结果都被一一退回来。后来他办了家庭工业社，执上海工商业界牛耳，各报章杂志，都以高额的稿酬请他写文章，他把过去被退回来的文稿，再度寄出去应付，登出来后，人人都说好。

为此，南先生总结说："从这两个故事上，使我们看通了所谓**成名与不成名，实在没有什么道理。**"

自古名利为世人所重，尤其是"名"，可以说是人所向往。所谓"雁过留声，人过留名"，中国人历来有一个成名的情结。古人重名节，追求万世之名。今人重名，追求名利双收。区别在于古人在求名的同时，还洁身自好，坚守自我，不能失去人生的原则和自我节操。而今人呢，只要成名，则不管它什么节操，可以没有底线。为了成名，不择手段，无所不用其极。时下演艺圈的炒作之风，甚至政界和学术界，也不甘寂寞，纷纷炒作自己，以求成名。只要出名，管他好名坏名，都在所不惜。为了出名，管他是正面还是负面新闻，只要出名就成。张爱玲有句话："出名要趁早啊。"鼓励了多少慕名贪利的心！

事实上，成名与否，与成功有相似性，没有投资与回报的必然性。成功虽有天作和偶然的万分，但必须要实力，而成名，则不一定了。有些名是歪打正着，有些名却是"好事不出门，恶事传千里"。古人成名要成"令名"，即好名声；而今人呢，却不论好坏，只要这名声能带来效益就成。所以，今天的所谓名人，其名声到底有多少水分，有几分是真正靠实力而来，就很值得人怀疑了。所以，现在的很多名人的成名，就更没有什么道理可言了。而很多名人的昙花一现，就是说明。

成名与否，既然没什么道理可言，所以，对于名人们，我们广大的无名之辈，也没必要对他那么崇拜和仰视，因为也许他的成名，与实力关系不大，多有因时际遇的成分。即便是因为实力，功成名就，而且名传万里，影响当代，甚至是青史留名，影响百代，我们也没必要当成偶像来崇拜——因为每个人都有自己的成功成名之路，别人的成功没办法复制，你可以学习借鉴，但复制不来。自己的成功之路只有自己走。比如孔子这种千古圣人，我们当然要仰视学习，但没必要奉为神明，亦步亦趋地模仿学习，没有必要，也不可能学习成功。不仅因为时代不一样，而且因为你不是孔子，那是人家的成功；你应有自己的成功，这个只有自己走。而对于今天的所谓名人大腕儿们，就更没必要崇拜了。

　　怎么成名，成名的道理何在？其实谁也说不清，所以没道理可言。就是因为每个人有他自己的成功成名之路，不可复制。加之，现实中复杂的情况，就更使成名显得无可名状了，这给所有的名人也罩上一层神秘的面纱。其实，无他，不要去关注那么多，只管自己走自己的路。如果你也想成名，那么你只有开拓出自己的一条成功成名之路。

　　真正的名，应该是功成名就，绝不是偶然和侥幸所成，更不是靠炒作或是歪门邪道而来的。真正的名，不仅出于实力和成功，更出于人品和道德；不仅有当代之功，更是千秋之功业。孔子那样的"素王"，比起帝王将相们来，其名声传播更为久远，影响是真正的深远。这样的名，才经得起时间的考验，是真正的名。

　　人们常说"虚名"，就是说名的短暂性。对于一个名人来说，他能够被人记住50年，已经是很了不起了。而对一般人而言，50年，都将成为过去，如过眼烟云。人们求名，甚至大于利，就是觉得名既可满足虚荣，也相对比利益长久些，但实际上，许多所谓的"名"，也不过是镜花水月，转眼成空。

　　有句话叫作："人怕出名猪怕壮"，**不出名时，想出名，但一旦**

出名了，就会失去很多自由，再不能像常人一样，过自在的生活。而且，名声也往往会被人利用，自己也不免成为被世人渔利的工具，这就是名声之累。所以，对于名，我们的确应该看淡些。

但是，世人多爱慕虚荣，有几个真正能对名利看得透的。因为名与利往往相连，出了名，就有了利。出名往往是得利的前提。所以，世人为了出名，不惜想方设法广而告之。实在也是人生的一种不得已而为之的无奈。小人物，想出名，为得利；大人物想出名，为留青史。可见，名与位也紧密相连。名有大小，位有高低，但对于名的追求，却是一样的强烈。

自古以来，身居高位者尤其注重留名。有的下属为投其所好，经常为领导捉刀，领导们似乎也已经习惯而心安理得了。但真正有所为的大领导不图虚名。

据《资治通鉴》一百七十七卷记载：隋文帝开皇九年（589年），杨坚手下有一位开国元勋贺若弼，他撰写了自己在隋灭陈之前提出的计策，却冠上了《御授平陈七策》的题目献给隋文帝。用现在的话来说，那明明是贺若弼自己的理论成果，可他却说成是隋文帝杨坚的思想，自己只是担当一个"整理者"的角色——相当于今天的"联合署名"。但是没想到，杨坚看也不看，就对贺若弼说："你想为我扬名，出发点是好的，可我并不想追求虚名，你还是把它记载到你自己的家史中去吧。"隋文帝一点没给贺若弼面子，没让他拍成马屁。

史书上说杨坚不爱读书，但这并不能说明没能力和思想，也并不妨碍他坐天下。而且，此人做人低调，不图虚名。作为一代帝王，其功业虽比不上秦皇汉武、唐宗宋祖，但毕竟统一南北，结束了持续几百年的分裂局面，这个功绩当然也非同一般了。他能够做到务实不务名，也是十分难能可贵了。

唐太宗李世民，也是不图虚名的一位。《资治通鉴》第一百九十五卷记载：

贞观十二年（638年），著作佐郎邓世隆上表请求收集唐太宗写的文章。李世民说："我的辞令，对老百姓有用的，史官都记录下来了，足可以不朽；如果没有用，收集了又有什么用呢？梁武帝萧衍父子、陈后主、隋炀帝都有文集传世，但能挽救他们败亡的命运吗？作为君主，应该担忧的是不施德政，光靠文章有什么用？"于是不允。作为政治家的李世民，重在实务，不图文章功业。因为他明白，自己的所作所为，足以名垂青史。

身居高位，能够做到不为自己标功颂德，也实为可贵了。由此可见，一个人，能够多一些朴实，多一些实际，少一些虚荣，少一些华而不实，自然就能脚踏实地，真正有所作为，而那个原来不为自己所倾慕的"名"，不必自求，自然而来，而且，这个名，不是虚名，经得起时间的考验，是真正的名。

□天下没有一个"必然"的

子绝四："毋意，毋必，毋固，毋我。"

什么意思呢？就是孔子一生对于这四点是绝对要做到的：不主观臆断，能听进别人意见；不强求一件事一定要做到怎样的结果，能应变；不固执己见，避免偏见；不自私自我，能替别人着想。

由此可见，孔子之所以被称为"圣人"，的确是很了不起的。

对于"毋必"，南怀瑾先生说："'毋必'，就是孔子不要求一件事必然要做到怎样的结果。这一点也是人生哲学的修养，天下事没有一个'必然'的，所谓我希望要做到怎样，而事实往往未必。假使讲文学与哲学合流的境界，中国人有两句名言说：'不如意事常八九，可与人言无二三。'人生的事情，十件事常常有八九件都是不如意，而碰到不如意的事，还无法向人诉苦，对父母、兄弟、姐妹、妻子、儿女都无法讲，这都是人生经验来的。又有两句话说：'十有九输天下事，百无一可意中人。'这也代表，十件事九件都失意，一百个人当中，还找不到一个是真正的知己。'毋必'说明孔子深通人生的道理，事实上，'毋必'，说想必然要做到怎样，世界上几乎没有这件事。"

的确，凡是有所经历的人都会有感觉：虽说"事在人为"，但"成事在天"，不是你有追求，努力拼搏，积极向上，就一定可达到成功；不是你志在必得，就一定可以得到；不是你辛勤耕耘，就一定可"种瓜得瓜，种豆得豆"；不是你努力付出，就一定可得到好的回报；不是你付出越多，就得到越多……

相反，有时，为了心中一个久已存在的梦想，你历尽辛酸，却与成功无缘；你努力向上，力争上游，但总是不得时、不得遇，一生没摆脱平庸的处境；你真诚做人做事，努力付出，却不得理解回报，反而得罪了人，费力不讨好；担当越多，责任越大，得罪人越多，受伤越大。

总是事与愿违，在种种经历中感受到人生的确有太多的无奈。这种无奈不以个人意志为转移，也不是你努力或是凭一腔热血，就可改变。所以，面对人生的这种无奈，不少人发出感叹：个人就像一粒沙子，任凭有多大的雄心抱负、意志和力量，也无从改变什么，只能是身不由己，随波逐流……

我们不是常说："要做自己人生的主人"吗？要主宰自我人生。这当然是很好的主观能动性，做人就应该在尊重天性的基础上积极发展和发掘自己，完善自己，成就自己，活出自己的精彩人生，否则，也不可能成功，只能流于平庸。但是，事实并非那么简单，没有"志在必得"的事情，也没有"必然"，人终究不能真正地掌舵自己的人生，不仅因为超越个人是个艰巨的任务，而且因为社会和现实的种种竞争和阻力存在，一个人想成功，当然不容易。所以，不是你说"要做自己人生的主人"，就一定能够做到。很难。无论你承认与否，这是现实，也是人生的无奈。

"人生不如意事十之八九"，实在是所有人共同感受到的人生经验之谈。我们从小受的教育是要心怀梦想，战胜自我，而且相信"人定胜天"，人是万物之灵，没有做不到的。但老实说，这不过是一种理想的自我安慰和激励。作为自信奋进的鼓励，当然有必要。但事实上，人怎么可能胜天？人也未必就是万物之灵，志在必得之心能够得到更好，得不到只能成为自苦的压力，因为，很多事情，不在我们的掌控之中。古人早就看到人类的渺小，所以对敬畏天命，敬畏大人，敬畏圣人之言。不与天为抗，而是法天效地，努力与自然和谐相处，追求天人合一的境界。古人明白"成事在天"，所以不强求，而是追求"穷则独善其身，达则兼济天下"，体现出一种理想的达观态度。古人自知不能掌握自己的命运，所以要求自己乐天知命，安分守己，无奈并自我安慰地说出"命里有的终归有，命里无的莫强求"，这并不是不思进取的消极思想，实在是人生经验的深刻总结。

天下万物各有其性情禀赋，虽是潜力无穷，但毕竟有其局限性。而且生命有限，面对浩渺的宇宙和不可知的命运，不论人类科学如何发达，终究还有许多未知世界，不能战胜自然，更无法战胜自身的局限、命运的某种冥冥中注定。我们有什么资格骄傲，说自己一定要得到呢？天下没有"必然"，天下事很多不由你决定，所以不能半点有任性。

明白没有"必然"，就是明白自己有无知、无奈、无力，就是心中有所敬畏，不会妄自尊大，不会自以为是，不会好高骛远，不会眼高手低，不会勉强为之，给自己平添无谓的压力，从而乐天知命，安分守己，脚踏实地，知止知足，心怀一颗平常心，"不以物喜，不以己悲"，活得心平气和，福乐安康。

积极向上，但不勉力为之，尽心竭力，做人做事，认真负责，对己对人都无所憾，问心无愧，就能心安理得，活得泰然自若。

□一生都在祸福中

南怀瑾先生说:"合于我心意的就是顺境,达不到我需求的就是逆境。顺境时沾沾自喜得意忘形,碰到逆境就产生痛苦,怨天尤人,甚至自暴自弃。佛法中说,人生生老病死是苦,爱别离苦,怨憎会苦,五阴炽盛会苦,种种苦境,其实就是逆境,令我们的爱欲处处不能痛快。至于顺境呢?那可难了。中国人有两句老话'福无双至,祸不单行',很准的,相信吗?请小心!"

人生一世,的确是不容易。不仅"不如意事十之八九",而且自身的生老病死也难以超越。佛家说:人生就是苦,苦的根源在于欲望。所谓"有求皆苦,无欲则刚",但只要是人,就会有欲望,就不能摆脱人生之苦。无欲,也不过是相对意义上的。人是没办法摆脱苦境的。苦尽甘来,乐极生悲,福祸相倚,顺逆相接,没有尽头。自从出生,就开始了艰辛的人生,没有一个人的人生是一帆风顺的,也没有不苦恼的人生。

那么,为什么苦呢?就不能摆脱吗?苦的根源,就在于人的欲望和多求,不能安于现状,不能安于平凡。而且欲望无休止,人心没足够,加之社会人心是竞争的,相互交加,于是产生出各种各样的人生。人常说:"苦乐人生。"虽是苦有多多,但人也能从苦中得乐,自得其乐,这正是人们能够坚持活下去的理由。又说:"人生如戏,戏如人生。"每个人都有自己的人生,一个人的一生,就是一出戏剧。又说："人生如梦"，是说，人们辛苦奔波劳碌，为求欲望的满足，但最后，并不能真正得到什么，如果能在追求的过程中，得到些满足和快乐，已经算是不枉此生了。几十年的光阴，恍然若梦中，一梦醒来，一生走过。

但世人欲望太盛，总是贪心不足，而且自以为是，妄自尊大。"人生不满百，常怀千岁忧。"人们总是不安于现状，不甘心庸碌，总要在有生之年，找出一点意义出来——正因人生之短暂，才要求超越有限的人生，寻求一种无限意义上的永恒。因为不同的追求和志趣，才有了不同的人生。人都是赤裸裸而来，但未必能一身干净地去。有人一生清白，死而无憾；有人则身败名裂，枉此一生；有人生得伟大，死得光荣；有人则庸碌无为，死如草芥……

无论哪种人生，都不可能避免生的挣扎、死的寂寞，都不能超越生老病死之苦痛。死生都寂寞，是人生的必然。而且，人生际遇不同，造就不同的人生。有人富贵，有人清贫；有人哭，有人笑；有人陷于困苦病厄，有人则安康享乐中……幸福的感觉大概是一样的，但痛苦却千差万别，所以，幸福显得总是那么少，因为少而弥足珍贵；而苦痛总是那么多，而且无休无止，因为多，所以人生显得更加纠结痛苦，无奈无助，无力，甚至是绝望。但毕竟还是要活下去，活着就是挣扎，能否少些痛苦，全在于对自己生活的平衡把握，是否能怀一份超脱和淡然。究竟怎样才算是成功的人生？并没有一个定论。而所谓的价值和意义，也是社会标准上的。而人生是否成功，是否幸福，其实，全在自己的心中。

有苦就有乐，有顺就有逆，有幸就有不幸，有福就有祸，而且并非一成不变，总是互相转化，所谓福祸相倚，苦尽甘来。乐极生悲，就是这个道理。没有永远的顺境，也没有永远的逆境。老话说："富不过三代""风水轮流转"，就是这个道理。这是宇宙规律，没人可以超越。既没有长生不老，也没有永远的福祸。所以，一生都在福祸中。

"福无双至，祸不单行"，实是经验之谈，而且往往是很准的，南先生相信，很多人也相信。至于命运的存在于否，我们不敢下定论，但是"运气"，似乎是有的。现实中，的确有这种情况：时遇来了，一好百好；不得时遇时，坏事相连。然而福祸相倚，顺逆相生，当否极泰来时，诸事转好，心境转佳，好运纷至沓来。

所以说：**一生都在祸福中**。明白了这个道理，就会心怀一颗平常心，"不以物喜，不以己悲"，这样，无论贫富穷通，无论顺与不顺，无论幸与不幸，都能坦然接受，泰然自处，知道这就是人生，于是，总是把自己调整到最佳状态。

当运气不好，身处不顺时，一定不要失望，相信会时来运转；当福运连连，身处顺境时，一定不要得意忘形，要心存忧患，小心乐极生悲，祸事惹身。

□不患得失，顺其自然

> 南怀瑾先生说："我们上古老祖宗那个时候，人都自然，不用修道，个个有道，在道的境界中。他在睡觉时'徐徐'，'徐徐'是怎么个睡法？就是睡觉很悠然，舒服得很。难道现在的人睡觉不悠然？现在的人睡觉是很不悠然，很紧张。尤其是在外国文化生活的影响下，每一分每一秒都紧张得很，所以睡觉睡得很不好，加上闹钟也闹不醒，很可怜。"

这是说睡觉，其实更是说一种生活的状态和心境。

南怀瑾先生还有一句话说："物来而应，过去不留。"就是说，要保持一颗自然的平静心、平常心，当事情来时，就积极应对，当事情过去时，就由它去，绝不刻意强求或者挽留什么。这就是顺其自然的人生态度，十分高明。

让一切顺其自然。这不是消极被动，而是一种积极之下的达观和顺道而行，顺时而为；时过不求，时来则应。我们古人就很懂得这个人生智慧：当不得时遇时，纵使再有追求，再有能力，也绝不显山露水，因为知道表现也没有用，所以潜居抱道，以待其时；当时遇来时，则积极出动，一展身手。无论穷通，他们都能自守，并善于自处，所谓"穷则独善其身，达则兼济天下"，这是他们的人生态度，也是他们为人处世的智慧，很是高明的。为什么说它高明，就是因为顺其自然。因为只有在得其时遇时，积极的行动才有意义，才起作用。否则，只能是劳而无功，往往自招其伤。所以，在不遇时，最好的姿态就是"守柔""示弱""藏拙"，所谓"大智若愚"。这既是人生的韬略，也是一种修养智慧。

所以，顺其自然，就是不勉强为之，要讲究策略。我们常说：要积极进取，迎难而上，百折不挠，坚持不懈，只有这样，才可能成功。但事实上，如果机遇不属于你，仅凭一腔热情或者是大胆是不够的。一定要审时度势，顺道顺时而行。顺道顺时，就是遵循事物的发展规律，是最大的顺其自然。

人生有限，时间和精力都有限，远去的苦与乐，只要是值得记忆的，心中自会有痕迹，不必刻意记忆，也不必刻意回避。应该把最好的时间和精力放在今天，活在当下，为了美好的明天。这就是最好的顺其自然。

有人追求完美，面面俱到，或者要求很高，甚至勉力为之，给自己加压，因此达不到所要的目的，而且还会十分痛苦，这真是庸人自扰，这也是一种不自然。

有一位农夫欲上山砍树，却忽然想起脚上的草鞋很旧了，于是就匆匆忙忙的搓绳打草鞋，忙完草鞋又检查斧锯，发现斧头太钝，锯子已锈，于是又重新买斧买锯，后又……等到他万事俱备准备出发时，大雪已经封山。于是农夫抱怨道：我的运气真不好。

农夫做事分不清轻重缓急，做事目标不统一、不专一，当然错过了最好时机。

所以，南先生说："'不将不迎，应而不藏'是道的最高境界。"真正聪明的人，总是与时俱进，顺时顺道而行，随机应变。

因为明白顺其自然，所以能乐天知命，安分守己，不会患得患失，无论穷通，皆能自守，心怀一份超然，怡然自乐。

□人生没有结论

> 南怀瑾先生说:"《易经》第六十四卦是未济卦,什么道理呢?因为这个宇宙是做不了结论的,人生也没有结论的。历史永远没有结论。宇宙永远发展下去,没有停止,所以是未济。"

人生究竟是什么?没有人可以得出一个定论。人生的意义究竟是什么?似乎也没有个定论。

我们受的教育说:人生的意义在于奉献,这其实是社会标准的意义。而其实,自己的人生活得怎么样,只有自己知道;自己的人生是否有意义,也是自己定的。所谓的成功人生,也不在于一定功成名就,实在说,也在自己的心里。你是否感觉到充实、快乐、幸福,不是别人和社会给你定义的,而完全是自己的。

自己的人生,只有自己来定义。是否活出了成功和意义,也只有自己知道,成功和意义只有自己来创造,来寻找。没有人可以代替,也不是别人说你成功,你就一定成功了,活出了意义。

就此意义而言,**人生也完全是个人化的,是由自己说了算的。**别人的人生,与自己关系不大,别人的成功那是人家的,自己拿不来,也复制不来,自己的成功只有自己来创造,自己的路只有自己走。没人可依可靠,所以,人生本质上又是孤独的,人生的终极关怀唯有自己,只有自己最可靠。

我们总是说:历史是人民写的。又说:时间会证明一切。但实在说，历史也不见得就能说明真相，时间也不能证明什么，倒是往往会把人淹没其中。古人说："盖棺论定。"其实，盖棺也未必能论定，许多人和事，远没有那么简单，可以下个定论。不仅由于人性本复杂，一个人的性情有多面，而且其功过得失、人品道德，也是十分复杂多元的，很难给出一个结论。所以，不仅对于现实，我们要厘清真伪，辨别是非曲直；对于历史，我们也不能轻信，而要睁大双眼，辩证分析。

因为人生没有结论，所以，对于一个人，怎么可能得出一个真实的结论呢？我们要了解的、能够了解的，绝不可能全面，而只是一个侧面，能够窥其一斑已经是不错的了。

或者有人会问：人为什么活着？最实在的回答是：活着。确切地说，人生并没有什么意义，但只要是活着，就要寻找意义，而这个意义只有自己去寻找。

著名作家毕淑敏曾经在一所大学里举行演讲。

演讲会上，很多大学生向她传纸条提问题。其中，提得最多的一个问题是："人生有什么意义？请你务必说真话，因为我们已经听过太多言不由衷的假话了！"

当毕淑敏拿到这个纸条时，她没有回避，而是当众把这个问题念了出来。然后，她说："你们今天提的这个问题很好，我会讲真诚。我在西藏阿里的雪山之上，面对着浩瀚的苍穹和壁立的冰川，如同一个茹毛饮血的原始人，反复地思索过这个问题。我相信，一个人在他年轻的时候，是会无数次地叩问自己——我的一生，到底要追索怎样的意义？"

然后，她接着说："我这样想了无数个晚上和白天，终于得到了一个答案。今天，在这里，我将非常负责地对你们说，我思索的结果是：人生是没有任何意义的！"

她的话刚说完，全场出现短暂的寂静。但紧接着，便是雷鸣般的掌声。这可能是她演讲中最热烈的掌声了。

毕淑敏赶紧用手示意,让同学们的掌声停下来。然后,她接着说:"大家先不要忙着给我鼓掌,我的话还没有说完。我说人生是没有意义的,这不错,但是,我们每一个人,要为自己确立一个意义!是的,关于人生意义的讨论,充斥着我们的周围。很多说法,由于熟悉和重复,已让我们从熟视无睹滑到了厌烦,可是这不是问题的真谛。真谛是:别人强加给你的意义,无论它多么正确,如果它不曾进入你的心理,它就永远是身外之物。比如,我们从小就被家长灌输过人生意义的答案。在此后的漫长岁月里,谆谆告诫的老师和各种类型的教育,也都不断地向我们批发人生意义的补充版。但是,有多少人把这种外在的框架,当成了自己内在的标杆,并为之下定了奋斗的决心呢……"

明白了人生没有结论,也就不会固执,不会囿于一隅,不会盲目崇拜,不会以成败论英雄,而是自己创造自己的成功之路;明白了人生并无意义,也就不会被动地接受别人赋予我们的意义,不会看他人脸色,失去自我。而是去明白自己需要什么、喜欢什么,然后,明确自己人生的意义,沿着自己想要的方向,努力寻找,最终找到充实和快乐,找到自己人生的意义和价值。

人生没有结论,自己的人生,就像一张白纸,蓝图完全由自己来描画!所以,你的人生,有太多的未知领域,需要你探索。你有的是事情要做,不必有什么束缚,尽管按照自己的方式,画出自己想要的风景。

参考文献

南怀瑾. 人生的起点和终点[M]. 上海：上海人民出版社，2008.

南怀瑾. 南怀瑾选集[M]. 上海：复旦大学出版社，2006.

南怀瑾. 南怀瑾讲课录[M]. 上海：上海人民出版社，2007.